公路常规结构桥梁维修加固
改造技术指南

陕西省公路局　主编

人民交通出版社股份有限公司
北　京

图书在版编目(CIP)数据

公路常规结构桥梁维修加固改造技术指南 / 陕西省公路局主编. — 北京：人民交通出版社股份有限公司，2022.8

ISBN 978-7-114-17828-3

Ⅰ.①公…　Ⅱ.①陕…　Ⅲ.①公路桥—加固—指南　Ⅳ.①U448.145.7-62

中国版本图书馆 CIP 数据核字(2021)第 279776 号

Gonglu Changgui Jiegou Qiaoliang Weixiu Jiagu Gaizao Jishu Zhinan

书　　名：	公路常规结构桥梁维修加固改造技术指南
著　作　者：	陕西省公路局
责任编辑：	李　沛
责任校对：	赵媛媛　魏佳宁
责任印制：	刘高彤
出版发行：	人民交通出版社股份有限公司
地　　址：	(100011) 北京市朝阳区安定门外外馆斜街 3 号
网　　址：	http://www.ccpcl.com.cn
销售电话：	(010) 59757973
总　经　销：	人民交通出版社股份有限公司发行部
经　　销：	各地新华书店
印　　刷：	北京市密东印刷有限公司
开　　本：	880×1230　1/16
印　　张：	11.5
字　　数：	245 千
版　　次：	2022 年 8 月　第 1 版
印　　次：	2022 年 8 月　第 1 次印刷
书　　号：	ISBN 978-7-114-17828-3
定　　价：	90.00 元

(有印刷、装订质量问题的图书由本公司负责调换)

《公路常规结构桥梁维修加固改造技术指南》编写委员会

主编单位：陕西省公路局

参编单位：长安大学

　　　　　　榆林市公路局

　　　　　　渭南市公路局

　　　　　　西安市公路局

主　　编：王常青　陈万春

副 主 编：李少平　王　锋　裴晓梅

编写人员：段起飞　宋　梅　祝小磊　魏　锋　张辉青
　　　　　　邹存俊　刘　渊　卢晓琪　高　楠　秦　军
　　　　　　赵　琪　孙有才　李　腾

主　　审：万振江　侯　旭

顾　　问：金宏忠　景宏伟　舒　森　张宗涛　马毓泉

序

公路桥梁是公路基础设施的重要组成部分，对连接、贯通公路网具有十分重要的意义。桥梁安全，责任重于泰山。如何消除桥梁安全隐患，提高公路桥梁安全运行水平，是落实高质量发展、建设现代化经济体系、服务人民群众安全便捷出行的内在要求。

近年来，在陕西省委、省政府的正确领导和交通运输部的大力支持下，陕西省以公路为重点的交通基础设施建设取得了突破性进展，建成了一批以108国道禹门口黄河大桥、银昆高速公路石门水库特大桥为代表的公路桥梁。陕西是一个内陆省份，地理环境复杂多样，陕北黄土高原沟壑纵横，陕南秦巴山区崇山峻岭，黄河、汉江、渭河等河流蜿蜒其中，加之历史原因，公路桥梁数量众多，结构形式多样，建设标准不一，公路桥梁管理、养护任务非常艰巨。

《公路桥梁养护管理工作制度》颁布实施以来，陕西省高度重视桥梁养护管理工作，认真落实桥梁安全运行"十项制度"，出台政府法规，完善养管制度体系，逐桥建立安全管理"六级责任制"，逐级分解落实桥梁养护任务，加强桥梁日常养护和安全保护区管理，强化超限超载治理，严格桥梁养护工程师持证上岗制度，及时开展桥梁安全隐患排查，加大病危桥梁改造力度，大力推进桥梁养护科技创新，全面强化管理，确保了桥梁运行安全。

《2021年交通运输行业发展统计公报》显示，2021年末全国公路桥梁96.11万座、7 380.21万延米，其中特大桥梁7 417座、1 347.87万延米，大桥13.45万座、3 715.89万延米。随着国民经济的持续快速发展，重载交通快速增加，桥梁超负荷运行现象仍较为普遍，桥梁运行安全形势依然严峻。"十四五"时期，交通运输部组织集中开展公路危旧桥梁改造行动，明确提出到2025年底，基本完成2020年底存量四、五类桥梁改造任务，公路桥梁运行安全水平和服务品质明显提升。

自交通运输部2001年实施危桥改造工程以来，陕西省公路局与长安大学、中交第一公路勘察设计研究院有限公司等科研机构长期合作，采取工程与科研相结合的方式，对公路桥梁维修加固改造技术进行了积极探索和深入研究，特别是在箱肋单波拱、双曲拱、空心板、T梁、小箱梁等桥梁加固改造实践中，形成了一系列针对性强、方法适用、效果良好的公路桥梁维修加固改造技术。陕西省公路局组织相关技术人员，在全面总结陕西省近20年来桥梁维修加固改造工程实践经验的基础上，借鉴兄弟省份成功经验和做法，编制了本指南。

本指南既是落实交通运输部危旧桥梁改造行动的具体措施，也是对相关标准、规范的细化补充，具有很强的实用性。本指南可为公路桥梁维修加固改造方案决策、勘察设计、应急抢险等提供技术支撑，也可为广大桥梁养护管理人员提供参考。

陕西省公路局局长　（签名）

2021 年 11 月

前 言

为加强公路桥梁维修加固改造项目质量管理，指导公路桥梁加固改造的前期方案设计、施工图设计、项目审查、项目管理和施工等，提高工作效率和工作质量，促进加固改造项目标准化和规范化，按照交通运输部《关于进一步提升公路桥梁安全耐久水平的意见》《公路危旧桥梁排查和改造技术要求》和国家现行标准的要求，在广泛调研的基础上，制定本指南。

我国公路桥梁受历史、地域等因素影响，存在桥型结构复杂、建成时间跨度大、桥龄长短不一、设计标准不一致、质量控制标准不统一、养护管理水平差异大等诸多问题，使得桥梁加固改造工作难度增加。本指南依托陕西省公路桥梁加固改造工程实践和相关课题研究成果，充分考虑了国内桥梁加固技术水平，以增强加固改造效果为目标，以实施的可行性和可操作性为出发点，认真分析了各种常见桥型结构主要病害特征和产生原因，在总结工程实践经验的基础上，进一步细化了各类常用桥梁加固方法的适用范围、注意事项、基本要求、计算要点、构造要求和施工工艺，针对性地提出了各种公路常规结构桥型和典型病害的适用加固措施。

本指南共分15章，主要内容包括总则、术语、加固改造一般规定、维修加固材料、通用技术、桥面系的维修与改造、常规结构桥梁加固常用方法、配筋混凝土梁式桥上部结构加固、拱式桥上部结构加固、支座更换、下部结构及基础加固、公路桥梁改造、加固改造设计文件的编制、加固改造工程验收和加固工程实例。

本指南可为公路桥梁管养单位桥梁加固改造项目的审查批复、灾后桥梁应急抢修，工程设计单位加固改造设计文件的编制，工程管理单位加固改造项目的施工质量管理等提供参考，也可为公路危旧桥梁改造工作提供技术支撑。

本指南编写过程中得到了陕西省各市交通运输局、公路管理局和中交第一公路勘察设计研究院有限公司的大力支持，在此表示感谢！限于编者水平，难免存在不当之处，请广大桥梁工程技术人员在使用过程中注意总结经验，将发现的问题和意见，及时函告主编单位陕西省公路局（地址：陕西省西安市碑林区含光北路110号，邮政编码：710068），以便修编时研用。

目 录

1 总则 ·· 1
2 术语 ·· 2
3 加固改造一般规定 ·· 4
  3.1 技术对策 ··· 4
  3.2 基本要求 ··· 5
  3.3 加固改造基本原则 ·· 6
  3.4 加固改造的管理 ··· 7
4 维修加固材料 ··· 9
  4.1 一般规定 ··· 9
  4.2 技术要求 ··· 9
5 通用技术 ·· 17
  5.1 结合界面处理 ··· 17
  5.2 混凝土裂缝修补 ··· 17
  5.3 圬工砌体表层缺陷维修 ··· 19
  5.4 配筋混凝土表层缺陷维修 ·· 20
  5.5 钢构件表层缺陷维修 ·· 22
  5.6 钢构件连接缺陷维修 ·· 23
  5.7 植筋 ··· 25
  5.8 锚栓 ··· 28
6 桥面系的维修与改造 ··· 31
  6.1 桥面铺装维修与改造 ·· 31
  6.2 人行道、栏杆与护栏维修与改造 ·································· 36
  6.3 伸缩装置维修与更换 ·· 36
  6.4 桥面排水系统维修 ··· 38
7 常规结构桥梁加固常用方法 ··· 40
  7.1 一般规定 ··· 40
  7.2 增大截面和配筋加固法 ··· 41
  7.3 粘贴钢板加固法 ··· 46
  7.4 粘贴纤维复合材料加固法 ·· 49

- 7.5 体外预应力加固法 50
- 7.6 改变结构受力体系加固法 55
- 7.7 加强横向联系加固法 58

8 配筋混凝土梁式桥上部结构加固 60
- 8.1 一般规定 60
- 8.2 板梁加固 61
- 8.3 肋梁加固 62
- 8.4 箱梁桥加固 65

9 拱式桥上部结构加固 72
- 9.1 一般规定 72
- 9.2 圬工拱桥加固 73
- 9.3 钢筋混凝土拱桥加固 77
- 9.4 钢管混凝土拱桥加固 79

10 支座更换 82
- 10.1 一般规定 82
- 10.2 技术要求 83
- 10.3 监测要求 84

11 下部结构及基础加固 85
- 11.1 一般规定 85
- 11.2 桥墩加固 86
- 11.3 桥台加固 89
- 11.4 基础加固 91
- 11.5 地基加固 93
- 11.6 河床抗冲刷防护 96

12 公路桥梁改造 98
- 12.1 一般规定 98
- 12.2 主梁更换技术 99
- 12.3 桥梁拼接拓宽改造 101

13 加固改造设计文件的编制 105
- 13.1 一般规定 105
- 13.2 设计阶段 106
- 13.3 方案设计要求 107
- 13.4 施工图设计要求 108
- 13.5 方案设计文件编制基本内容 109
- 13.6 施工图设计文件编制基本内容 112

14 加固改造工程验收 ………………………………………………………… 116
14.1 一般规定 …………………………………………………………… 116
14.2 工程验收 …………………………………………………………… 116
14.3 技术要求 …………………………………………………………… 117

15 加固工程实例 …………………………………………………………… 128
15.1 增大截面加固法 …………………………………………………… 128
15.2 体外预应力加固法 ………………………………………………… 136
15.3 增补桩基加固法 …………………………………………………… 165

参考文献 ……………………………………………………………………… 171

1 总则

1.0.1 为落实交通运输部危旧桥梁改造行动方案，加强公路桥梁加固改造工程项目的质量管理，指导公路桥梁加固改造的设计、项目管理和质量控制等工作，编制本指南。

1.0.2 本指南适用于公路常规结构桥梁的维修加固改造。缆索承重体系桥梁、钢桥、钢-混凝土组合梁桥或桥梁特殊缺陷、病害，应通过专项研究确定处置方案。

1.0.3 本指南可作为下列工作内容的依据：
1 公路桥梁管养单位对加固改造项目审查、批复。
2 工程设计单位编制加固改造设计文件。
3 工程管理单位对加固改造施工质量的管理和检验评定。
4 灾后桥梁应急抢修工程处置方案的制订。

1.0.4 桥梁加固改造工程，应遵循"安全适用、技术可靠、经久耐用、经济合理、环境保护"的基本原则，恢复使用功能、提高承载能力、增强安全性和耐久性，保证桥梁使用期的可靠度维持在正常水平。

1.0.5 在加固改造中，推荐积极稳妥采用成熟的加固方法、施工工艺，倡导加固技术、施工工艺创新。

1.0.6 加固改造工程应满足国家有关基本建设和管理程序的要求，并符合国家和行业现行标准的相关规定。

2 术语

2.0.1 养护 maintenance
为保持桥涵及其附属物的正常使用而进行的经常性保养及维修作业；预防和修复桥涵的灾害性损坏及为提高桥涵使用质量和服务水平而进行的改造。

2.0.2 桥涵加固 bridge&culvert strengthening
对桥涵部件或构件采取的补强、更换或调整内力等使其满足使用要求的工程措施。

2.0.3 桥涵改建 bridge&culvert reconstruction
当桥涵不能满足使用要求时，为提升其技术标准、荷载等级、通行能力、抗灾能力等而实施的改造工程。

2.0.4 上部结构 superstructure
桥梁支座以上（无铰拱起拱线或框架底线以上）跨越桥孔部分的总称。

2.0.5 下部结构 substructure
支承桥梁上部结构并将其荷载传递至地基的桥墩、桥台和基础的总称。

2.0.6 桥面系 bridge deck system
上部结构中直接承受车辆、人群等荷载并将其传递到主梁（或主拱、主索）的整个桥面构造系统，包括桥面铺装、桥面板、纵梁、横梁及人行道等。

2.0.7 增大截面加固法 structure member strengthening with R. C & P. C
通过增大原构件截面面积并增配钢筋，以提高其承载力和刚度的方法。

2.0.8 粘贴钢板法 structure member strengthening with bonded steel plate
采用结构胶黏剂粘贴钢板（型钢）以提高构件承载力的方法。

2.0.9 粘贴纤维复合材料加固法 structure member strengthening with FRP
采用结构胶黏剂粘贴纤维复合材料以提高构件承载力的方法。

2.0.10 体外预应力加固法　structure member strengthening with external prestressing

通过施加体外预应力,使原结构、构件的受力得到改善或调整的方法。

2.0.11 改变结构体系加固法　strengthening by changing structure system

通过改变结构体系,使原结构的内力得到改善或调整的方法。

3 加固改造一般规定

3.1 技术对策

3.1.1 按桥梁技术状况等级，相应的养护对策见表3.1.1。

表3.1.1 桥梁技术状况等级与养护对策

技术状况等级	养 护 对 策
1类	正常保养或预防养护
2类	修复养护、预防养护
3类	修复养护、加固或更换较大缺陷构件；必要时可进行交通管制
4类	修复养护、加固或改造；及时进行交通管制，必要时封闭交通
5类	及时封闭交通，改建或重建

3.1.2 对于技术状况等级3类及3类以上的公路桥梁，养护目标和技术对策为：

1 3类桥维修：以控制病害的产生或发展为主要目标，进行的养护和缺陷修复。包含对可能存在的4类构件的加固或更换。

2 4类桥加固：以恢复或提高桥梁承载能力、刚度和稳定性为主要目标，进行的部分或全部结构加固补强，或对原结构体系的改变。包含对可能存在的5类构件的更换。

3 5类桥改造、改建：原桥部分拆除，部分利用，新建拆除部分；原桥全部拆除，在原桥位建新桥；废弃原桥，另选桥位建新桥。

3.1.3 按桥梁适应性评定结果，当不适应时，相应的处置技术对策为：

1 承载能力：进行加固或改建。
2 通行能力：进行拓宽改造或改建。
3 抗灾能力：进行加固或改建。
4 耐久性：进行缺陷修复、表层防护或消除产生影响的不利因素。

3.1.4 应急抢修是在灾害事件发生后，以快速恢复公路桥梁通行能力为目标，依据桥梁损伤类型、程度和范围，针对性实施的应急性维修、加固、构件更换或复位等措施。

3.2 基本要求

3.2.1 桥梁维修、加固改造前，应按相关规范、标准、规程对其技术状况、适应性进行检测和评定。依据桥梁技术状况等级、病害成因、发展趋势及加固目标和施工条件等，并综合考虑社会影响及经济、技术指标，确定合理的、可实施的加固改造方案。

3.2.2 桥梁维修、加固改造实施前，应首先采取交通管制、限流限载通行、临时支撑等，宜对重要受力构件进行连续观测以免发生安全事故。

3.2.3 加固改造的必要性、可行性应充分论证。在满足对缺陷构件或部件加固改造效果的前提下，应避免对整体结构或其他构件造成不利影响。

3.2.4 桥梁的加固应尽可能减少对原结构的损伤，避免不必要的拆除及更换；损伤不可避免时，应对损伤产生的影响进行评估，必要时采取补强措施。

3.2.5 对因特殊环境因素作用造成的桥梁结构病害，加固设计应考虑地域及使用环境特点，采取针对性的处治措施，并在选择加固时机、工艺、材料方面有所区别，以保证加固效果。

3.2.6 桥梁部件部分拆除新建、部分利用时，应对利用部件进行评估。

3.2.7 桥梁维修加固工程，应进行详细的工艺工序设计，施工时应严格执行设计方案和流程，并符合以下要求：
   1 方案的工艺工序设计，应考虑结构或构件出现倾斜、失稳、坍塌等可能性，并采取有效预防措施。
   2 必要时应采取适宜的监控措施，确保人员及结构安全。
   3 施工组织设计应避免临时措施对原结构产生过大附加内力或变形。
   4 应注意减小对周边环境的影响。

3.2.8 桥梁加固宜遵循动态设计原则。加固施工过程中，当发现结构存在隐蔽性病害或其他未检测到的严重缺陷时，应立即停止施工，进行缺陷影响评估，确定加固方案是否需调整后，方可继续施工。

3.3 加固改造基本原则

3.3.1 加固改造后的桥梁主要技术指标应与道路技术标准相适应,且满足行业管理规定和现行公路工程技术标准相关要求。改建后桥梁平、纵线形等技术指标不得低于原桥标准。

3.3.2 加固改造方案应满足下列基本要求:

1 加固改造设计方案原理明确,力学模式清晰,计算模型合理,内容全面,并兼顾结构耐久性和抗震设防需求。
2 加固用材料易加工、强度形成龄期短、抗冲击剥离性能好、耐久性优。
3 加固改造工艺可实施性强,安全风险低。
4 改建工程占地少、改线短,满足中长期规划要求。
5 应急抢险工程的临时加固与后期永久加固方案协调。
6 施工方案需重视资源节约和环境保护。
7 技术方案质量控制指标明确,工期合理。
8 后期便于养护。

3.3.3 技术难度大或投资规模较大的桥梁加固改造项目,应对主要加固改造措施提出多个技术方案,各技术方案均应满足可行性、可比性和可实施性的基本要求。

3.3.4 经济评价采用加固费用系数和加固寿命系数两个指标进行评判,加固费用系数按式(3.3.4-1)计算,加固寿命系数按式(3.3.4-2)计算。

$$n_1 = W_{jg}/W_{xj} \quad (3.3.4\text{-}1)$$

$$N_2 = (D_{sj} - D_{sy})/D_{sj} \quad (3.3.4\text{-}2)$$

式中:n_1——加固费用系数;

W_{jg}——加固费用,为宏观经济(车辆绕行、拥堵等产生的费用)总损失与桥梁加固总费用之和;

W_{xj}——新建费用,为宏观经济总损失、建新桥费用与桥梁拆除费用之和;

N_2——加固寿命系数;

D_{sj}——桥梁设计寿命;

D_{sy}——桥梁已运营年限。

以中小跨径配筋混凝土结构桥梁设计寿命 50 年为例,加固技术经济确定原则为:计算得到加固寿命系数 N_2,对应的加固费用临界系数取值见表 3.3.4,若加固费用系数 $n_1 < N_1$,则加固是经济合理的;若 $n_1 \geq N_1$,则加固是不经济的,应考虑新建。

表 3.3.4　加固寿命系数对应加固费用临界系数取值

运营时间（年）	加固寿命系数 N_2	加固费用临界系数 N_1
0	1.0	0.7
10	0.8	0.6
20	0.6	0.5
30	0.4	0.4
40	0.2	0.3
50	0	0.1

3.3.5 桥梁维修加固所采取的临时措施，如更换支座的钢抱箍等，在不影响建筑净空、行洪行凌及其他作业安全的前提下，宜考虑"永临结合"，便于后期使用。

3.3.6 桥梁维修、加固、改造后，其交通标志、标线和安全设施应符合现行有关标准的要求。

3.3.7 桥梁加固改造方案宜考虑设置用于观测、检查和维修的通道或设施。

3.4 加固改造的管理

3.4.1 总体管理要求：
1 公路桥梁加固改造的工程管理要求、基本建设程序、监督管理要求应按《公路养护工程管理办法》的有关规定执行。纳入省级长大桥目录的大型桥梁还应满足《公路长大桥隧养护管理和安全运行若干规定》的相关要求。
2 对于工程内容接近于新建项目的桥梁改扩建工程可按照公路桥梁建设项目相关管理规定执行。
3 桥梁改建后应按《公路桥涵养护规范》（JTG 5120—2021）第 3.2 节要求进行初始检查，初始检查宜与交工验收同时进行，最迟不得超过交付使用后 1 年。

3.4.2 立项：
1 凡纳入省级危桥改造数据库的项目视为已立项。
2 对列入桥梁加固改造计划的桥梁，必须开展桥梁的技术状况检测评定和必要的特殊检查工作。加强结构物承载力评定，强化对显性、隐性病害的诊断分析，摸清桥梁病害的程度、发展状态、成因及影响。

3.4.3 设计：
1 桥梁加固改造项目，宜采用一阶段施工图设计；也可根据管理需要，增加方案设计。

2 应急抢险工程可采用一阶段施工图设计。

3 设计文件应经过桥梁养管部门审查，批准后方可实施。

3.4.4 施工：

1 桥梁加固改造施工作业应尽量减少对当地交通、环境的影响，施工单位应按有关规定制定预案，项目管理单位负责审查，并检查督促预案落实情况。

2 规模较大、技术复杂的桥梁加固改造工程可根据需要开展技术咨询、过程监测、监控等第三方服务。

3 桥梁维修、加固或改造作业，必须按现行《公路养护安全作业规程》（JTG H30）的要求实施。

4 为减少活载扰动影响，确保维修、加固实施的安全和质量，在施工的关键环节，如增大截面、胶体固化、张拉体外预应力钢束等，应实施必要的交通管制。

4 维修加固材料

4.1 一般规定

4.1.1 桥梁维修加固用材料的品种、规格及使用性能，应符合国家和行业现行有关标准的规定，并满足设计要求。

4.1.2 加固采用的材料应易采购、易加工，与原结构材料相容，与桥梁环境相适应，并满足《公路工程混凝土结构耐久性设计规范》（JTG/T 3310）的相关要求。

4.1.3 加固采用高性能材料时，应考虑桥梁结构材料的实际状况。状况较差时，不宜采用高性能材料。

4.1.4 加固采用材料除满足力学性能要求外，还应具备良好的韧性、抗冲击剥离性能。

4.1.5 桥梁加固用新材料的性能应进行相关试验、检验，必要时在实桥加固中进行试验研究；技术验证后，综合考虑其价格、加工技术要求等因素，确定是否可推广使用。

4.2 技术要求

4.2.1 水泥混凝土技术要求：

1 桥梁结构加固用混凝土的强度等级宜比原结构构件提高一级，且不得低于C30；当采用预应力加固时，其强度等级不得低于C40。

2 水泥的品种、性能和质量应满足下列要求：

（1）应采用强度等级不低于32.5级的硅酸盐水泥、快硬硅酸盐水泥或普通硅酸盐水泥。

（2）当配置加固用聚合物砂浆时，所采用的水泥强度等级不应低于42.5级。

3 集料的品种和质量应满足下列要求：

（1）粗集料应选用质密、坚硬、强度高、耐久性好的碎石。对于主要承重构件，加固用集料的最大粒径：拌和混凝土应不超过20mm，小石子混凝土应不超过10mm。

不得使用含有活性二氧化硅石料制成的粗集料。

（2）细集料应选用中、粗砂，其细度模数宜控制在 2.6~3.7。

4 混凝土拌和用水应满足下列要求：

（1）水中不应含有影响水泥正常凝结与硬化的有害杂质或油脂、糖类及游离酸类等。

（2）污水或 pH 值小于 5 的酸性水及含硫酸盐量按 SO_4^{-2} 计超过水的质量 $0.27mg/cm^3$ 的水不得使用。

5 混凝土所掺的粉煤灰应是 I 级灰，且烧失量不应大于 3%。

6 当桥梁加固选用聚合物混凝土、微膨胀混凝土、收缩补偿混凝土、纤维混凝土和水下不分散混凝土时，应在施工前进行试配，检验其力学性能。

7 混凝土中掺用外加剂时，其质量及相关技术规定应符合现行《混凝土外加剂》（GB 8076）与《混凝土外加剂应用技术规范》（GB 50119）的要求；不得使用含有氯盐、亚硝酸盐、碳酸盐和硫氰酸盐类成分的外加剂；不应使用铝粉作为混凝土的膨胀剂。

8 受水蚀和干湿交替作用的主要受力构件加固用混凝土，如处于冻融环境，应考虑抗渗设计。

4.2.2 钢材技术要求：

1 普通钢筋宜选用 HRB400 级或 HPB300 级钢筋。预应力混凝土构件中的箍筋应选用带肋钢筋；按构造要求配置的钢筋网可采用冷轧带肋钢筋。

2 主要承重构件加固用钢材宜采用 Q355 钢及以上牌号，并根据使用要求和环境合理选择，其质量应符合现行《低合金高强度结构钢》（GB/T 1591）的规定。

3 在防腐要求较高或后期不便于维护的情况下，加固用的钢材可根据稳定致密保护锈层形成条件，选用耐候结构钢。

4 预应力钢材的品种、质量和性能应满足下列要求：

（1）预应力钢筋的基本性能指标应满足现行《公路钢筋混凝土及预应力混凝土桥涵设计规范》（JTG 3362）的要求。预应力钢筋应选用钢绞线、钢丝；中、小型构件或竖、横向用预应力钢筋，可选用预应力螺纹钢筋。

（2）体外预应力索应采用防腐性能可靠的产品，宜采用成品索；采用环氧涂层预应力钢材时，应检测涂层的质量及主要性能指标。

5 焊接材料的型号和质量应满足下列要求：

（1）焊条材料的品种、规格应满足设计要求；其型号应与被焊接钢材的强度相适应。

（2）焊缝连接的设计指标应符合公路桥梁钢结构设计规范的相关规定。

6 高强度螺栓应符合国家和行业现行有关标准的规定。

4.2.3 锚固件技术要求：

1 桥梁加固需要植筋时，宜采用 HRB400 级热轧带肋钢筋，不得使用光圆钢筋。

2 后锚固构件为钢螺杆时，锚入部分应为全螺纹螺杆或倒锥形螺杆，螺杆的钢材等级应为 Q355 级，其质量应符合现行《碳素结构钢》（GB/T 700）和《低合金高强度结构钢》（GB/T 1591）等的规定。

3 锚固件为机械锚栓时，应根据环境条件及耐久性要求选用，其钢材的性能指标必须符合表 4.2.3 的规定。

表 4.2.3 加固用锚栓主要性能指标

性能等级		抗拉强度标准值（MPa）	屈服强度标准值（MPa）	伸长率（%）
碳素钢及合金钢锚栓	4.8 级	≥400	≥320	≥14
	5.8 级	≥500	≥400	≥10
	6.8 级	≥600	≥480	≥8
	8.8 级	≥800	≥640	≥12
不锈钢锚栓	50（$d \leq 39mm$）	≥500	≥210	≥0.6d
	70（$d \leq 24mm$）	≥700	≥450	≥0.4d
	80（$d \leq 24mm$）	≥800	≥600	≥0.3d

注：表中 d 为锚栓的公称直径。

4 锚固件为化学锚栓时，其锚固区基材的长期使用温度不应高于 50℃；处于特殊环境的混凝土结构采用化学锚栓时，除应按国家现行有关标准的规定采取相应的防护措施外，尚应采用耐环境因素作用的锚固胶按专门的工艺要求施工。

4.2.4 碳纤维材料技术要求：

1 碳纤维材料用的纤维应为连续纤维，碳纤维品种和性能应满足下列要求：

（1）碳纤维应选用不大于 12k（1k = 1 000 根）的小丝束聚丙烯腈基（PAN 基纤维），不得使用大丝束纤维。

（2）碳纤维材料的主要力学性能，应符合表 4.2.4 的规定。

表 4.2.4 桥梁加固用碳纤维材料主要力学性能指标

纤维类别		抗拉强度标准值（MPa）	弹性模量（MPa）	伸长率（%）	弯曲强度（MPa）	纤维复合材料与混凝土正拉黏结强度（MPa）	层间剪切强度（MPa）
布材	Ⅰ级	≥3 400	≥2.4×10^5	≥1.7	≥700	≥2.5 且为混凝土内聚破坏	≥45
	Ⅱ级	≥3 000	≥2.1×10^5	≥1.5	≥600		≥35
板材	Ⅰ级	≥2 400	≥1.6×10^5	≥1.7	—		≥50
	Ⅱ级	≥2 000	≥1.4×10^5	≥1.5	—		≥40

注：纤维复合材料的抗拉强度标准值应根据置信水平 $c=0.99$、保证率为 95% 的要求确定。

2 加固用碳纤维材料与胶黏剂应进行以下适配性检验，且检验结果必须符合

表 4.2.4 的规定。

(1) 抗拉强度标准值。

(2) 碳纤维材料与混凝土正拉黏结强度。

(3) 层间剪切强度。

3 在材料性能检验和桥梁加固设计中，纤维复合材料截面面积的计算应符合以下规定：

(1) 对纤维布材，应按纤维的净截面积计算，即取纤维布材的计算厚度乘以宽度，纤维布材的计算厚度应按其单位面积质量除以纤维密度确定。

(2) 对单向纤维板材，应按不扣除树脂体积的板截面面积计算，即应按实测的板厚乘以宽度计算。

4 单位面积纤维质量和纤维体积应符合下列规定：

(1) 单层碳纤维布材的单位面积纤维质量，不应低于 $200g/m^2$，不宜高于 $300g/m^2$。

(2) 单向碳纤维板材的厚度不应小于 1.0mm，不宜大于 2.0mm；板的宽度不宜大于 150mm；碳纤维体积含量不应低于 60%。

4.2.5 胶黏剂：

1 桥梁加固用胶黏剂，根据所加固结构的重要程度分为 A 级胶与 B 级胶；其中 A 级胶用于重要结构或构件的加固，B 级胶用于一般结构或构件的加固。

2 桥梁承重结构（构件）加固用浸渍、粘贴纤维复合材料的胶黏剂的安全性能指标必须符合表 4.2.5-1 的规定。不得使用不饱和聚酯树脂、醇酸树脂等作为浸渍、粘贴胶黏剂。

表 4.2.5-1 碳纤维浸渍、粘贴胶黏剂安全性能指标

性能项目		性能要求	
		A 级胶	B 级胶
胶体性能	抗拉强度（MPa）	≥40	≥30
	抗拉弹性模量（MPa）	≥2 500	≥1 500
	抗弯强度（MPa）	≥50	≥40
		且不得呈脆性破坏	
	抗压强度（MPa）	≥70	
	伸长率（%）	≥1.5	
黏结能力	钢-钢拉伸抗剪强度标准值（MPa）	≥14	≥10
	钢-钢不均匀扯离强度（MPa）	≥20	≥15
	与混凝土的正拉黏结强度（MPa）	≥2.5，且为混凝土内聚破坏	
	不挥发物含量（固体含量）（%）	≥99	

注：1. 胶黏剂性能指标，应根据置信水平 $c=0.90$、保证率为 95% 的要求确定。

2. 性能指标除标有标准值者外，其余均为平均值。

3. 用于粘贴碳纤维板的胶黏剂，当涂抹厚度小于 3mm 时，材料的流挂应小于 1mm。

3 粘贴纤维复合材料用的底胶与修补胶应与浸渍、粘贴胶黏剂相适配,其安全性能指标必须符合表4.2.5-2的规定。

表 4.2.5-2 底胶及修补胶的安全性能指标

性 能 项 目		性 能 要 求	
		A级胶	B级胶
底胶	钢-钢拉伸抗剪强度标准值(MPa)	≥14	≥10
	与混凝土的正拉黏结强度(MPa)	≥2.5,且为混凝土内聚破坏	
	不挥发物含量(固体含量)(%)	≥99	
	混合后初黏度(23℃)(MPa·s)	≤6 000	
修补胶	胶体抗拉强度(MPa)	≥30	
	胶体抗弯强度(MPa)	≥40,且不得呈脆裂破坏	
	与混凝土的正拉黏结强度(MPa)	≥2.5,且为混凝土内聚破坏	

注:性能指标除标有标准值者外,其余均为平均值。

4 粘贴钢板或型钢用的胶黏剂,其安全性能指标必须符合表4.2.5-3的规定。

表 4.2.5-3 粘贴钢板或型钢用胶黏剂的安全性能指标

性 能 项 目		性 能 要 求	
		A级胶	B级胶
胶体性能	抗拉强度(MPa)	≥30	≥25
	抗拉弹性模量(MPa)	≥3 500(≥3 000)	
	抗弯强度(MPa)	≥45	≥35
		且不得呈脆性破坏	
	抗压强度(MPa)	≥65	
	伸长率(%)	≥1.3	≥1.0
黏结能力	钢-钢拉伸抗剪强度标准值(MPa)	≥15	≥12
	钢-钢不均匀扯离强度(MPa)	≥16	≥12
	钢-钢黏结抗拉强度(MPa)	≥33	≥25
	与混凝土的正拉黏结强度(MPa)	≥2.5,且为混凝土内聚破坏	
	不挥发物含量(固体含量)(%)	≥99	

注:括号内的抗拉弹性模量指标仅用于灌注黏结型胶黏剂。

5 混凝土桥梁结构锚固用的胶黏剂,必须采用专用改性环氧胶黏剂、改性乙烯基酯胶黏剂或改性氨基甲酸酯胶黏剂,其安全性能指标必须符合表4.2.5-4的规定;其填料必须在工厂制胶时添加，严禁在施工现场掺入。

不得使用以水泥和微膨胀剂为主要成分配制的锚固剂作为黏结材料。

表4.2.5-4 锚固用胶黏剂的安全性能指标

性能项目		性能要求	
		A级胶	B级胶
胶体性能	劈裂抗拉强度（MPa）	≥8.5	≥7.0
	抗压强度（MPa）	≥60	
	抗弯强度（MPa）	≥50	≥40
黏结能力	钢-钢（钢套筒法）拉伸抗剪强度标准值（MPa）	≥16	≥13
	约束拉拔条件带肋钢筋与混凝土的黏结强度（MPa） C30，25 L=150mm	≥11	≥8.5
	C60，25 L=125mm	≥17	≥14
不挥发物含量（固体含量）（%）		≥99	

注：性能指标除标有标准值者外，其余均为平均值。

6 混凝土桥梁加固用胶黏剂，其钢-钢黏结抗剪性能必须经过湿热老化检验合格，湿热老化检验应在50℃温度和98%相对湿度环境下进行；老化时间：重要构件不得小于90d，一般构件不得小于60d；经湿热老化后的试件，应在常温条件下进行钢-钢黏结拉伸抗剪试验，其强度降低的百分率应符合下列要求：

（1）A级胶不得大于10%；

（2）B级胶不得大于15%。

7 桥梁加固用胶黏剂应进行毒性检验，对完全固化的胶囊剂，其检验结果应符合实际无毒卫生等级的规定。

8 在桥梁加固用的胶黏剂中，不得使用乙二胺作为改性环氧树脂的固化剂；不得在其中掺入挥发性有害溶剂和非反应性稀释剂。

4.2.6 裂缝修补用胶：

1 混凝土结构裂缝注射或压力灌注用修补胶的安全性能指标必须符合表4.2.6-1的规定。

表4.2.6-1 裂缝修补用胶的安全性能指标

性能项目		性能指标
胶体性能	抗拉强度（MPa）	≥20
	抗拉弹性模量（MPa）	≥1 500
	抗压强度（MPa）	≥50
	抗弯强度（MPa）	≥30，且不得呈脆性破坏
钢-钢拉伸抗剪强度标准值（MPa）		≥10
不挥发物含量（固体含量）（%）		≥99
可灌注性		在产品说明书规定的压力下，能注入宽度为0.1mm

2 桥梁混凝土裂缝修补用聚合物水泥注浆料的安全性能指标必须符合表4.2.6-2的规定。

表4.2.6-2　裂缝修补用聚合物水泥注浆料的安全性能指标

性 能 项 目		性 能 指 标
胶体性能	劈裂抗拉强度（MPa）	≥5
	抗压强度（MPa）	≥40
	抗折强度（MPa）	≥10
注浆料与混凝土的正拉黏结强度（MPa）		≥2.5，且为混凝土破坏

4.2.7 表层缺陷修复材料：

1 聚合物改性水泥砂浆：

（1）工程结构加固用的聚合物改性水泥砂浆，按聚合物材料的状态分为乳液类和干粉类。对重要结构加固，应选用乳液类。聚合物改性水泥砂浆中采用的聚合物材料，应为改性环氧类、改性丙烯酸酯类、改性丁苯类或改性氯丁类聚合物，不得使用聚乙烯醇类、苯丙类、氯偏类聚合物以及乙烯-醋酸乙烯共聚物。

（2）承重结构加固使用的聚合物改性砂浆分为Ⅰ级和Ⅱ级，应分别按下列规定采用：

a. 对混凝土结构：当原构件混凝土强度等级不低于C30时，应采用Ⅰ级聚合物改性水泥砂浆；当原构件混凝土强度等级低于C30时，应采用Ⅰ级或Ⅱ级聚合物改性水泥砂浆。

b. 对砌体结构：若无特殊要求，可采用Ⅱ级聚合物改性水泥砂浆。

混凝土结构加固用聚合物砂浆的基本性能应符合表4.2.7-1的要求。

表4.2.7-1　混凝土结构加固用聚合物砂浆基本性能技术指标

检 验 项 目		技 术 指 标		
		Ⅰ级		Ⅱ级
凝结时间	初凝（min）	≥45	初凝（min）	≥45
	终凝（h）	≤24	终凝（h）	≤24
抗压强度（MPa）	7d	≥35	7d	≥30
	28d	≥55	28d	≥45
抗折强度（MPa）	7d	≥8	7d	≥7
	28d	≥12	28d	≥10
正拉黏结强度（MPa）	28d	≥2.5，且为混凝土内聚破坏		
抗渗压力（MPa）	28d	≥1.5		
氯离子渗透量		不降低（相对普通砂浆）		
收缩率（%）		0.15		

（3）聚合物改性水泥砂浆长期使用的环境温度不应高于60℃。

2 混凝土喷涂型钢筋阻锈材料：

既有混凝土结构、构件中钢筋进行防锈与锈蚀损坏修复时，对于承重构件可采用烷氧基类或氨基类喷涂型阻锈剂，喷涂型阻锈剂的质量应符合表4.2.7-2的规定。

表4.2.7-2 喷涂型阻锈剂的质量

烷氧基类阻锈剂质量标准		氨基类钢筋阻锈剂质量标准	
检验项目	合格指标	检验项目	合格指标
外观	透明、琥珀色液体	外观	透明、微黄色液体
浓度	0.88g/mL	密度（20℃时）	1.13
pH值	10~11	pH值	10~12
黏度（20℃时）	0.95mPa·s	黏度（20℃时）	25mPa·s
烷氧基复合物含量	≥98.9%	氨基复合物含量	>15%
硅氧烷含量	≤0.3%	氯离子 CL^-	无
挥发性有机物含量	<400g/L	挥发性有机物含量	<200g/L

喷涂型阻锈剂的性能应符合表4.2.7-3的规定。

表4.2.7-3 喷涂型阻锈剂的性能指标

检验项目	合格指标	检验方法标准
氯离子含量降低率	≥90%	JTS/T 209—2020
盐水浸渍试验	无锈蚀，且电位为0~-250mv	YB/T 9231—2009
干湿冷热循环试验	60次，无锈蚀	YB/T 9231—2009
电化学试验	电流应小于150μA，且破样检查无锈蚀	YBJ 222—1990
现场锈蚀电流检测	喷涂150d后现场测定的电流降低率≥80%	GB 50367—2013 的附录R

注：对亲水性的阻锈剂，宜在增喷附加涂层后测定其氯离子含量降低率。

对混凝土承重结构破损部位的修复，可在新浇的混凝土中使用掺入型阻锈剂；但不得使用以亚硝酸盐为主要成分的阳极型阻锈剂。

5 通用技术

5.1 结合界面处理

5.1.1 混凝土构件依靠新旧结合界面传递内力,为使新旧界面受载后应变协调,应对原结构的结合界面范围进行表面处理。

5.1.2 依据缺损部位、范围、类型确定表面处理方法。

5.1.3 结合界面的表面处理主要方法包括:
  1 高压水射流法:去除混凝土表面沾染物、浮浆、强度低的表层混凝土,暴露混凝土基层,混凝土表面有一定的粗糙度。
  2 工具凿毛法:工具有风镐、铣刨、凿毛机、钢钎、凿锤等。去除混凝土酥松、破损部分,暴露混凝土基层。对于大体积构件可采用气(电)动工具,薄、小构件采用人工凿除。工具凿毛法是获得表面粗糙度的主要方法,凿毛后应用压力水将碎屑、粉末冲洗干净。
  3 机械打磨法:工具有研磨机、砂纸、钢丝刷等,去除表层沾染物、浮浆、混凝土碳化层。机械打磨法不易得到要求的表面粗糙度,主要使处理区域边缘修凿整齐。

5.1.4 新旧结合界面处,使原结构粗集料出露形成粗糙面,表面清洁、无浮尘,原构件的表面凹凸差应不小于6mm。

5.1.5 为确保界面处新混凝土的水化作用,避免旧混凝土吸走水分,混凝土浇筑前,旧混凝土必须浸水润湿,达到"干饱和"状态。

5.2 混凝土裂缝修补

5.2.1 混凝土裂缝按其性质,一般分为结构性裂缝和非结构性裂缝。在裂缝修补前应对裂缝类别进行识别和成因分析,然后再确定裂缝修补方案。

5.2.2 结构性裂缝应验算裂缝对结构刚度的影响,预估裂缝宽度发展状况。导致裂缝宽度继续发展的条件不存在时,缝宽处于稳定状态,仅进行裂缝修补;否则应对结构进行加固，消除缝宽发展的因素。

5.2.3 裂缝修补应在裂缝宽度最大状态下进行，设计时应明确裂缝修补在维修加固施工中的工序关系及修补时的环境温度条件。表面封闭时基面应清洁、密实、坚固；灌胶时裂缝两侧基面应清理出密实新鲜混凝土，表面应清洁、干燥。

5.2.4 裂缝修补可依据缝宽采用表面封闭法、自动低压渗注法和压力灌注法。

5.2.5 材料选用：
1 裂缝修补胶应符合本指南第4.2.6条的相关规定。
2 裂缝修补胶浆液的黏度小，渗透性、可灌性好。
3 裂缝修补胶浆液固化后收缩性小；固化时间可调节；灌浆工艺简便；固化后不应遗留有害化学物质。

5.2.6 当裂缝区的钢筋锈蚀时，应先对钢筋进行除锈，再进行裂缝修补。

5.2.7 裂缝缝口表面处理时，应使工作面平顺、干燥、无油污。处理范围沿裂缝走向宽 30~50mm。

5.2.8 裂缝修补方法：
1 表面封闭法：
（1）适用于宽度小于0.15mm的裂缝处理。
（2）采用环氧树脂胶泥封闭裂缝时，先在裂缝两侧（宽20~30mm）涂一层环氧树脂基液，后抹一层厚1mm左右、宽50~60mm的环氧树脂胶泥。
（3）抹胶泥时应防止产生小气孔和气泡，要刮平整，保证封闭可靠；在胶泥上涂刷两层环氧树脂胶液。
2 自动低压渗注法：
（1）适用于数量较多、宽度在0.15~1.5mm的裂缝处理。
（2）裂缝清理：采用压缩空气清理缝中的杂物，将沿裂缝两侧约5cm的混凝土表面擦拭干净，但缝内不得进水。
（3）粘贴注浆嘴和封闭裂缝：注浆嘴骑缝粘贴，注浆嘴的间距与裂缝宽度有关，其间距10~40cm。使用环氧树脂胶泥封闭注浆嘴之间的裂缝。
（4）试漏：试漏要逐条裂缝进行。
（5）配制注浆液：试漏完成后按产品要求配制注浆液。
（6）注浆：用补缝器吸取注浆液，插入注浆嘴，用手推动补缝器活塞，使浆液通过注浆口且压入裂缝，当相邻的注浆嘴中流出浆液时，拔出补缝器，封堵当前注浆嘴。将补缝器移到相邻注浆嘴重复注浆。垂直缝，由下向上注浆；水平缝，从一端向另一端逐个注浆。

（7）二次注浆：为了保证浆液充满，在注浆后约半小时，可以对每个注浆嘴再次补浆。

3　压力灌注法：

（1）适用于较深、宽度≥1.5mm的裂缝处理。

（2）裂缝的检查和清理：修补前，对裂缝情况进行详细的检查、记录，据此进行有关化学灌浆材料的配量、埋嘴、灌浆注射等方面的具体计算和安排。清缝处理时用角磨机打磨所有要处理的裂缝表面；剔除缝口表面的松散杂物，用气压0.2MPa以上的压缩空气清除裂缝打磨范围；沿裂缝范围内用丙酮进行洗刷，擦清表面。

（3）钻眼埋嘴：根据裂缝的宽度，确定灌胶底座的间距和位置，在裂缝端部、裂缝交叉处和裂缝较宽处单独设置灌胶嘴，并做好标志，灌胶底座的粘贴间距应为25~40cm。

（4）嵌缝止浆：嵌缝止浆的目的是防止浆液流失，确保浆液在灌注压力下将裂缝填充密实。

（5）压气试验：等封缝材料固化后，检查缝的密封效果。对漏气部位进行补封处理后即可配置浆液。

（6）注浆：注浆过程中应始终保持一定压力，一般为0.1~0.4MPa，保证将注浆材料注入裂缝末端，同时均匀缓慢的压力可以将裂缝中积存的空气压入混凝土的毛细孔中，避免产生气阻。

灌浆顺序原则：竖向裂缝先下后上；斜裂缝由低端向高端；贯通裂缝宜在两面一先一后交错进行。注浆结束后最好稳压几分钟。

（7）收尾处理，灌缝完毕后，养护一昼夜，等待树脂固化。若温度过低，则相应延长养护时间。最后对每一道裂缝表面再刷一层环氧树脂水泥浆，确保封闭严实，并使其颜色与原结构尽量保持一致。

5.3　圬工砌体表层缺陷维修

5.3.1　圬工砌体结构表面病害表现为抹灰层、砌缝脱落，砌体表面风化、起皮、起鼓、剥落等。

5.3.2　表层缺陷维修，是指在桥梁结构强度和稳定性尚能满足安全要求的前提下，根据预防性养护要求和耐久性要求进行的维修工作。常用的维修方法有勾缝、抹面、喷浆、局部修补等。

1　勾缝修补：

（1）适用于砌体砌缝砂浆松散、脱落等缺陷。

（2）勾缝前，可用手凿或风动凿子凿去已破损的灰缝，用压力水彻底冲洗干净，然后采用M10水泥砂浆重新勾缝。

（3）勾缝前用抹子把砂浆填入缝内，再用勾缝器压紧，切去飞边使其密实。

（4）桥台和锥、护坡接触处常会出现离缝，砂浆勾缝不久又会裂开，故可用浸过沥青的麻筋填嵌，以防止雨水浸入。

2 抹面或喷浆修补：

（1）适用于圬工砌体表面风化、剥落、蜂窝、麻面等缺陷。

（2）手工抹面适用于小面积缺陷修复，压力喷浆适用于大面积缺陷修复。

（3）手工抹面或压力喷浆前，应进行结合面处理。

（4）当喷射层较厚时，需分层喷浆。

3 表面严重缺陷修补：

（1）损坏深度和范围较大时，可在新旧结构结合处设置锚栓，挂钢丝网，模筑混凝土。

（2）结合面处理。

（3）锚栓埋设，其直径随破损深度而选用。锚栓间距在纵横方向均不得大于50cm。

（4）布置钢丝网，钢丝网的丝径、网孔依据修补面积、厚度确定。

（5）按构件缺损轮廓线立模，并进行支撑固定，留设进料口。

（6）浇筑混凝土。

5.4 配筋混凝土表层缺陷维修

5.4.1 配筋混凝土结构表面缺陷由施工不当造成，包括蜂窝、麻面、露筋、孔洞、层隙、模板走样和接缝不平等；在使用中出现的缺陷包括磨损、腐蚀、风化、剥落、开裂、掉角等。

5.4.2 配筋混凝土表层缺陷维修的一般规定包括：

1 新旧结合面处理应符合本指南第5.1节的要求，蜂窝麻面、破损混凝土宜凿成规则的多边形。

2 混凝土表层缺陷修补采用的材料应符合本指南第4.2节的要求。

3 配筋混凝土表面出现较大范围的露筋、孔洞、剥落等缺陷时，可采用混凝土或改性环氧砂浆（混凝土）进行修补。

4 缺损深度较浅时，若面积较小，或混凝土保护层不足、混凝土表面碳化，可采用水泥砂浆或聚合物砂浆抹面处理。

5.4.3 混凝土修补：

1 用混凝土材料进行缺陷修补，应采用比原结构混凝土强度等级高一级的混凝土，混凝土粗集料的粒径不宜大于15mm；浇筑、振捣困难时，可采用自密实混凝土。

2 修补完成后，在新、老混凝土接缝表面各15cm宽的范围内，用钢丝刷除所有浮浆，涂抹两层封闭水泥净浆，第二层的涂抹方向应与第一层垂直。加强对修补部分的养护，养护技术要求与普通混凝土相同。

5.4.4 改性环氧砂浆（混凝土）修补：

1 采用改性环氧砂浆（混凝土）修补混凝土表面较深缺陷时，改性环氧基液的安全性能指标应符合相关标准的规定。

2 改性环氧砂浆（混凝土）浇筑前，应先在已凿毛的混凝土表面涂一层改性环氧基液，使旧混凝土表面充分浸润。浇筑时应充分插捣，压抹平整。

3 改性环氧砂浆施工温度宜为 20℃±5℃，高温或寒冷季节应采取有效措施控制施工温度。

5.4.5 水泥砂浆修补：

1 结合面处理后，混凝土表面涂抹一层水泥浆液或其他胶结剂。

2 小面积浅层缺陷采用水泥砂浆人工涂抹法，在浆液尚未凝固时，将拌和好的砂浆抹到修补部位，反复加强压实。

3 大面积浅层缺陷采用喷浆修补法时，其施工技术要求应符合现行《公路桥涵施工技术规范》（JTG/T 3650）的相关规定。

5.4.6 聚合物砂浆修补：

1 采用水泥聚合物砂浆修补前，对原构件的裂缝进行处理，若原构件表面处于潮湿或渗水状态，修补前应先进行疏水、止水和干燥处理。

2 聚合物水泥砂浆修补施工过程中，应避免振动。主梁等重要部位的修补，必须待修补部位强度达到原结构强度的100%时，方可承受荷载、震动。

3 修补部位的聚合物砂浆终凝前，应采取保护措施，避免其表面受雨水、风及阳光直射影响，并应及时养护。

5.4.7 混凝土结构钢筋阻锈：

1 主要承重构件混凝土存在下列缺陷时，可进行阻锈处理：

（1）主要承重构件混凝土的密实性差，且面积较大。

（2）主要承重构件混凝土保护层厚度不足，对耐久性有较大影响，造成钢筋锈蚀风险增加。

（3）主要承重构件钢筋发生锈蚀，混凝土表面沿钢筋的裂缝或混凝土表面有锈迹（评定标度≥3）。

（4）结构的使用环境或使用条件与原设计相比，已显著改变，其结构可靠性鉴定表明这种改变有损混凝土构件的耐久性。

（5）需频繁使用除冰盐的结构。

（6）特殊要求对既有结构、构件的内部钢筋进行加强防护时。

2 喷涂型钢筋阻锈剂的使用，应符合下列规定：

（1）喷涂前应清理混凝土的表层，不得粘有浮浆、尘土、油污、水渍、霉菌或残留的装饰层。

（2）剔凿、修复局部劣化的混凝土表面，如空鼓、松动、剥落等。

（3）混凝土表面温度应为 5~45℃。

（4）阻锈剂应连续喷涂，使被涂表面饱和溢流；喷涂的遍数及其时间间隔应按产品说明和设计要求确定。

（5）每一遍喷涂后，均应采取措施防止日晒雨淋；最后一遍喷涂后，应静置 24h 以上，然后用压力水将表面残留物清除干净。

（6）在严重腐蚀性介质的环境中使用亲水性阻锈剂时，应在构件表面增喷附加涂层进行封护。

（7）当混凝土表面原先刷过涂料或各种防护液，已使混凝土失去可渗性且无法清除时，应改用其他阻锈技术。

5.5 钢构件表层缺陷维修

5.5.1 钢构件锈蚀程度分级：

为鉴定锈蚀损坏程度，依据《涂覆涂料前钢材表面处理 表面清洁度的目视评定 第1部分：未涂覆过的钢材表面和全面清除原有涂层后的钢材表面的锈蚀等级和处理等级》（GB/T 8923.1—2011）的规定，钢材表面的锈蚀程度分别以 A、B、C 和 D 四个锈蚀等级表示，描述如下：

A：大面积覆盖着氧化皮且几乎没有铁锈的钢材表面；

B：已发生锈蚀，并且氧化皮已开始剥落的钢材表面；

C：氧化皮已因锈蚀而剥落，或者可以刮除，并且在正常视力观察下可见轻微点蚀的钢材表面；

D：氧化皮已因锈蚀而剥落，并且在正常视力观察下可见普通发生点蚀的钢材表面。

评定锈蚀等级时，将最差的等级作为评定结果。

5.5.2 防腐涂层存在缺陷时，采用维修涂装和重新涂装进行表面防护。

1 维修涂装技术要求如下：

（1）当面漆出现 3 级以上粉化，且粉化减薄的厚度大于初始厚度的 50%，或由于景观要求时，彻底清洁面涂层后，涂装与原涂层相容的配套面漆 1~2 道。

（2）当涂膜处于 2~3 级开裂，或 2~3 级剥落，或 2~3 级起泡，但底涂层完好时，选择相应的中间漆、面漆，进行维修涂装。

（3）当涂膜发生 Ri2~Ri3 锈蚀时，彻底清洁表面，涂装相应中间漆、面漆。

2 重新涂装技术要求如下：

（1）当涂膜发生 Ri3 以上锈蚀时，进行彻底表面处理后涂装相应配套涂层。

（2）当涂膜处于3级以上开裂，或3级以上剥落，或3级以上起泡时，如果损坏贯穿整个涂层，应进行彻底的表面处理后，涂装相应配套涂层。

5.5.3 根据损坏的面积大小，钢构件外表面可分为以下三种重涂方式：

1 小面积维修涂装。先清理损坏区域周围松散的涂层，延伸至未损坏区域 50～80mm，并应修成坡口，表面处理至 Sa2 级或 St3 级，涂装低表面处理环氧涂料+面漆。

2 中等面积维修涂装。表面处理至 Sa2 1/2 级，涂装环氧富锌底漆+环氧（云铁）漆+面漆。

3 整体重新涂装。表面处理至 Sa2½级，按照涂装体系的要求进行涂装。

5.5.4 涂层体系技术要求：

1 各涂装部位的涂层配套体系应满足现行《公路桥梁钢结构防腐涂装技术条件》（JT/T 722）的相关规定。

2 按照腐蚀环境、工况条件、防腐年限设计涂层配套体系。

3 涂料性能应满足现行《公路桥梁钢结构防腐涂装技术条件》（JT/T 722）的相关规定。

5.6 钢构件连接缺陷维修

5.6.1 一般规定：

1 钢结构连接病害的修复方法，应根据结构需要加固的原因、目的、受力状态、构造及施工条件，并考虑结构原有的连接方法确定。

2 在同一受力部位连接的加固中，不宜采用刚度相差较大的，如焊缝与铆钉或普通螺栓共同受力的混合连接方法，但仅考虑其中刚度较大的连接（如焊缝）承受全部作用力时除外。

3 加固连接所用材料应与结构钢材和原有连接材料的性质匹配，其技术指标和强度设计值应符合现行《公路钢结构桥梁设计规范》（JTG D64）的要求。

4 负荷下连接的加固，尤其是采用端焊缝或螺栓的加固，需要拆除原有连接，或扩大、增加钉孔时，必须采取合理的施工工艺和安全措施，并作核算以保证结构（包括连接）在加固负荷下具有足够的承载力。

5.6.2 焊缝连接的加固：

1 焊缝连接的加固，可依次采用增加焊缝长度、有效厚度或两者同时增加的办法实现。

2 新增加固角焊缝的长度和焊脚尺寸或熔焊层的厚度，应由连接处结构加固前后设计受力改变的差值，并考虑原有连接实际可能的承载力计算确定。计算时应对焊缝的受力重新进行分析，并考虑加固前后焊缝的共同工作、受力状态的改变。

3 负荷下用焊缝加固结构时，应尽量避免采用长度垂直于受力方向的横向焊缝，否则应采取专门的技术措施和施焊工艺，以确保结构施工时的安全。

4 负荷下用增加非横向焊缝长度的办法加固焊接连接时，原有焊缝中的应力不得超过该焊缝的强度设计值，加固处及其邻区段结构的最大初始名义应力 σ_{0max} 不得超过相关规范的要求。

5 焊缝施焊时采用的焊条直径、焊接电流、焊接工艺应满足相关规范的要求。

6 负荷下采用堆焊增加角焊缝有效厚度的办法加固焊缝连接时，应对焊缝应力进行计算，且满足相关规范限制焊缝应力的要求。

5.6.3 螺栓和铆钉连接的加固：

1 螺栓和铆钉需要更换或新增以加固其连接时，应首先考虑采用适宜直径的高强度螺栓连接。当负荷下进行结构加固，需要拆除结构原有受力螺栓、铆钉或增加、扩大钉孔时，除应设计计算结构原有和加固连接件的承载能力外，还必须校核板件净截面面积的强度。

2 当用摩擦型高强度螺栓部分地更换结构连接的铆钉，从而组成高强度螺栓和铆钉的混合连接时，应考虑原有铆钉连接的受力状况。为保证连接受力的匀称，宜将缺损铆钉和与其对应布置的非缺损铆钉一并更换。

3 当用高强度螺栓更换有缺损的铆钉或螺栓时，可选用直径比原钉孔小 1~3mm 的高强度螺栓，但其承载力必须满足加固设计计算的要求。

4 用焊缝连接加固螺栓或铆钉连接时，应按焊缝承受全部作用力设计计算其连接，不考虑焊缝与原有连接件的共同工作，且不宜拆除原有连接件。

5.6.4 构造要求：

1 焊缝连接加固时，新增焊缝应尽可能地布置在应力集中最小，远离原构件的变截面及缺口、加劲肋的截面处。

2 焊缝布置应力求使焊缝对称于作用力，并避免使之交叉。

3 新增的对接焊缝与原构件加劲肋、角焊缝、变截面等之间的距离不宜小于 100mm。

4 各焊缝之间的距离不应小于被加固板件厚度的 4.5 倍。

5 用相同规格的螺栓或铆钉更换，当更换铆钉数量较多时，也可以采用高强度螺栓代替铆钉，但铆合面应经现场喷砂处理后安装，保证摩擦系数在 0.35~0.45 或 0.45 以上。

6 不可同时铲去大于连接处铆钉总数的 10% 的铆钉。

7 拆除铆钉时，应避免相邻铆钉受振动或损伤钢材，禁止使用剁子铲除钉头，绝对禁止使用大锤猛击杆件。

5.7 植筋

5.7.1 一般规定：

1 原结构植入钢筋时，主要构件的混凝土强度等级不得低于C25，其他构件混凝土强度等级不得低于C20。

2 植筋位置距离受力钢筋或波纹管外侧应不小于2.5d（d为植筋直径）。采用植筋锚固，当构件锚固部位混凝土存在局部缺陷时，应避开或先进行补强或加固处理后再植筋。

3 种植用钢筋的材料性能应符合本指南第4.2节的相关规定。

4 桥梁受力植筋用胶黏剂应采用A级胶；仅按构造要求植筋时可采用B级胶。其质量和性能应符合本指南第4.2节的相关规定。

5 采用植筋锚固的桥梁结构，其长期使用的环境温度不应高于60℃；对处于特殊环境（如高温、高湿、介质腐蚀等）的桥梁结构进行植筋时，应采用耐环境因素作用的胶黏剂。

6 承重结构植筋的锚固深度应经设计计算确定；严禁按短期拉拔试验值或产品技术手册的推荐值采用。

5.7.2 锚固计算：

1 基本要求：

1）植筋设计应在计算和构造上防止混凝土发生劈裂破坏。

2）植筋胶黏剂的黏结强度设计值应按表5.7.2-1采用。

3）地震区的承重结构，其锚固深度设计值应乘以考虑位移延性要求的修正系数。

表 5.7.2-1 黏结强度设计值 f_{bd}（MPa）

胶黏剂等级	构造条件	混凝土强度等级				
		C20	C25	C30	C40	≥C60
A级胶或B级胶	$S_1 \geq 5d$；$S_2 \geq 2.5d$	2.3	2.7	3.4	3.6	4.0
A级胶	$S_1 \geq 6d$；$S_2 \geq 3.0d$	2.3	2.7	3.6	4.0	4.5
	$S_1 \geq 7d$；$S_2 \geq 3.5d$	2.3	2.7	4.0	4.5	5.0

注：1. 当使用表中的f_{bd}值时，其构件的混凝土保护层厚度，应不低于现行《混凝土结构设计规范》（GB 50010）的规定值。

2. 表中S_1为植筋间距；S_2为植筋边距。

3. 表中f_{bd}值仅适用于带肋钢筋的黏结锚固。

2 单根植筋锚固的承载力设计值按式（5.7.2-1）计算，植筋锚固深度设计值按式（5.7.2-2）计算：

$$N_t^b = f_y A_s \qquad (5.7.2\text{-}1)$$

$$l_d \geq \psi_N \psi_{ae} l_s \qquad (5.7.2\text{-}2)$$

式中：N_t^b——植筋钢筋的轴向受拉承载力设计值（N）；

f_y——植筋钢筋的抗拉强度设计值（MPa）；

A_s——钢筋截面面积（mm²）；

l_d——植筋锚固深度设计值（mm）；

l_s——植筋的基本锚固深度（mm）；

ψ_N——考虑各种因素对植筋受拉承载力影响而需要加大锚固深度的修正系数；

ψ_{ae}——考虑植筋位移延性要求的修正系数，当混凝土强度等级不高于C30时，对6度区及7度区一、二类场地，取$\psi_{ae}=1.1$；对7度区三、四类场地及8度区，取$\psi_{ae}=1.25$；当混凝土强度等级高于C30时，取$\psi_{ae}=1.0$。

3 植筋的基本锚固深度l_s应按式（5.7.2-3）确定：

$$l_s = 0.2\alpha_{spt} d f_y / f_{bd} \quad (5.7.2-3)$$

式中：α_{spt}——为防止混凝土劈裂引用的计算系数，按表5.7.2-2确定；

d——植筋直径（mm）；

f_{bd}——植筋用胶黏剂的黏结强度设计值（MPa），按表5.7.2-2取值。

表5.7.2-2 考虑混凝土劈裂影响的计算系数α_{spt}

混凝土保护层厚度 c（mm）		25	30	35	≥40
植筋直径 d（mm）	≤20	1	1	1	1
	25	1.05	1	1	1
	32	1.15	1.1	1.1	1.05

注：当植筋直径介于表列数值之间时，可按线性内插法确定α_{spt}值。

4 考虑各种因素对植筋受拉承载力影响而需加大锚固深度的修正系数，应按式（5.7.2-4）计算：

$$\psi_N = \psi_{br}\psi_w\psi_t \quad (5.7.2-4)$$

式中：ψ_{br}——考虑结构构件受力状态对承载力影响的系数，当为主要承重构件时，$\psi_{br}=1.5$；当为一般构件接长时，$\psi_{br}=1.15$；当为构造植筋时，$\psi_{br}=1.0$；

ψ_w——混凝土孔壁潮湿影响系数，对耐潮湿型胶黏剂，按产品说明书的规定值采用，但不得低于1.1；

ψ_t——环境的温度（t）影响系数，当$t\leq60℃$时，取$\psi_t=1.0$；当$60℃<t\leq80℃$时，应采用耐中温胶黏剂，并应按产品说明书规定的ψ_t值采用；当$t>80℃$时，应采用耐高温胶黏剂，并应采取有效的隔热措施。

5.7.3 构造要求：

1 当按构造要求植筋时，其最小锚固长度l_{min}应符合下列构造要求：

（1）受拉钢筋锚固：max$\{0.3l_s, 10d, 100mm\}$；

（2）受压钢筋锚固：max$\{0.6l_s, 10d, 100mm\}$。

2 当所植钢筋与原钢筋搭接时，其受拉搭接长度l_l应根据位于同一连接区段内的钢筋搭接接头面积百分率，按式（5.7.3-1）确定：

$$l_1 = \zeta l_d \tag{5.7.3-1}$$

式中：ζ——受拉钢筋搭接长度修正系数，按表 5.7.3-1 取值。

表 5.7.3-1 纵向受拉钢筋搭接长度修正系数

纵向受拉钢筋搭接接头面积百分率（%）	≤25	50	100
ζ 值	1.2	1.4	1.6

注：1. 钢筋搭接接头面积百分率定义按现行《混凝土结构设计规范》（GB 50010）的规定采用。
2. 当实际搭接接头面积百分率介于表列数值之间时，按线性内插法确定 ζ 值。
3. 对梁类构件，受拉钢筋搭接接头面积百分率不应超过50%。

3 新植钢筋与原有钢筋在搭接部位的净间距，应按图 5.7.3 的标示值确定。若净间距超过 $4d$，则搭接长度 l_1 应增加 $2d$，但净间距不得大于 $6d$。

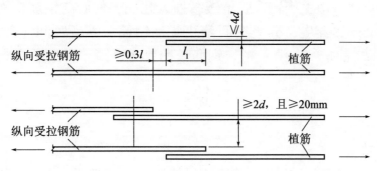

图 5.7.3 钢筋搭接

4 用于植筋的钢筋混凝土构件，其最小厚度 h_{min} 应满足式（5.7.3-2）的要求。

$$h_{min} \geq l_d + 2D \tag{5.7.3-2}$$

式中：D——钻孔直径设计值（mm），应按表 5.7.3-2 确定。

表 5.7.3-2 植筋直径与对应的钻孔直径设计值

植筋直径 d (mm)	钻孔直径设计值 D (mm)	植筋直径 d (mm)	钻孔直径设计值 D (mm)
12	15	22	28
14	18	25	31
16	20	28	35
18	22	32	40
20	25		

5 植筋与钢筋焊接连接时，其焊点距基材混凝土表面应大于 $15d$。应采取降温措施，不得因焊接降低胶黏剂的技术性能。

5.7.4 植筋施工：

1 植筋的工具：冲击钻（配足与设计植筋孔径相对应的钻头）、钢筋探测仪、吹气泵、气枪、植筋胶注射器、毛刷（或钢丝刷）。

2 植筋工艺流程：准备→钻孔→清孔→孔干燥→孔除尘→钢筋处理→配胶→灌胶→插筋→养生。

3 植筋注意事项：

（1）检查植筋处混凝土是否完好，用钢筋探测仪测出植筋处混凝土内的钢筋位置，标记植筋位置。

（2）钻孔，孔的深度应满足设计要求，严禁使用气锤钻孔，防止出现混凝土局部疏散、开裂。

（3）钻孔完成后，利用压缩空气或水清孔，清除孔内灰尘。

（4）植筋采用的钢筋，采取机械切断，除去表面锈渍，并用乙醇或丙酮清洗干净，晾干使用。

（5）根据植筋胶使用说明、种类要求进行配胶。

（6）灌胶要一次完成，将胶枪注胶嘴插入孔底，注入孔深的2/3即可。

（7）插入钢筋时需用手旋转着胶枪缓缓插入孔底，使胶与钢筋全面黏结。

（8）在室温下自然养生，养生期间禁止扰动钢筋，养生时间一般在24h以上。养生在连接部位施工之前进行，避免植入钢筋长期暴露锈蚀，否则要采取防锈措施。

5.8 锚栓

5.8.1 一般规定：

1 适用于混凝土桥梁的主要承重构件的锚固，对于严重风化的混凝土和圬工构件，锚栓仅为施工时钢筋网的定位或临时固定，不考虑使用阶段其抗拉拔作用。

2 混凝土桥梁采用锚栓为抗拉、抗剪连接件时，主要承重构件混凝土强度等级不应低于C30，对一般构件不应低于C20。

3 桥梁承重构件用的锚栓，应采用有机械锁键效应的后扩底锚栓，也可采用适应开裂混凝土性能的定型化学锚栓。当采用定型化学锚栓时，其有效锚固深度：对承拉力的锚栓，不得小于$8.0d_0$（d_0为锚栓公称直径）；对承受剪力的锚栓，不得小于$6.5d_0$。

4 不得采用膨胀型锚栓作为桥梁主要承重构件的连接件。

5 在处于地震区的桥梁结构中采用锚栓时，应采用加长型后扩底锚栓，且仅允许用于设防烈度不高于8度、建于Ⅰ、Ⅱ类场地的桥梁结构；定型化学锚栓仅允许用于设防烈度不高于7度的桥梁结构。

6 锚栓连接的设计计算，应采用开裂混凝土的假定，不得考虑非开裂混凝土对其承载力的提高作用。

5.8.2 锚栓承载力验算：

1 锚栓钢材的承载力验算，应按锚栓受拉、受剪及同时受拉受剪作用等三种受力情况分别进行。

2 锚栓钢材受拉承载力设计值，按式（5.8.2-1）计算。

$$N_t^a = f_{ud,t} A_s \tag{5.8.2-1}$$

式中：N_t^a——锚栓钢材受拉承载力设计值（N）；

$f_{ud,t}$——锚栓钢材用于抗拉计算的强度设计值（MPa），按表5.8.2-1和表5.8.2-2采用；

A_s——锚栓有效截面面积（mm²）。

表5.8.2-1 碳钢及合金钢锚栓钢材强度设计指标

性能等级		4.8	5.8	6.8	8.8
锚栓强度设计值（MPa）	用于抗拉计算$f_{ud,t}$	250	310	370	490
	用于抗剪计算$f_{ud,t}$	150	180	220	290

表5.8.2-2 不锈钢锚栓钢材强度设计指标

性能等级		50	70	80
螺纹直径（mm）		≤32	≤24	≤24
锚栓强度设计值（MPa）	用于抗拉计算$f_{ud,t}$	175	370	500
	用于抗剪计算$f_{ud,t}$	105	225	300

3 锚栓钢材受剪承载力设计值，应区分无杠杆臂和有杠杆臂两种情况进行计算，无杠杆臂受剪时按式（5.8.2-2）计算，有杠杆臂受剪时按式（5.8.2-3）计算。

$$V^a = f_{ud,t} A_s \quad (5.8.2\text{-}2)$$

$$V^a = 1.2 W_{el} f_{ud,t} \left(1 - \frac{\sigma}{f_{ud,t}}\right) \frac{\alpha_m}{l_0} \quad (5.8.2\text{-}3)$$

式中：V^a——锚栓钢材受剪承载力设计值（N）；

W_{el}——锚栓截面抵抗矩；

σ——被验算锚栓承受的轴向拉应力（MPa），其值按N/A_s确定，N为轴向拉力；

α_m——约束系数，为图5.8.2a）所示形式时，取$\alpha_m = 1$；为图5.8.2b）所示形式时，取$\alpha_m = 2$；

l_0——杠杆臂计算长度（mm），当基材表面有压紧的螺母时，取$l_0 = l$；当无压紧螺母时，取$l_0 = l + 0.5d$。

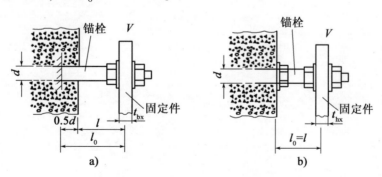

图5.8.2 锚栓杠杆臂计算长度的确定

5.8.3 基材混凝土的承载力验算应考虑三种破坏模式：混凝土呈锥形受拉破坏、混凝土边缘呈楔形受剪破坏以及同时受拉、剪作用破坏，计算可按现行《混凝土结构加固设计规范》（GB 50367）中的方法执行。

5.8.4 构造规定：

1 桥梁混凝土构件的最小厚度不应小于100mm。

2 桥梁主要承重结构用锚栓，其公称直径不得小于12mm；按构造要求确定的锚固深度不应小于80mm，且不应小于混凝土保护层厚度。

3 锚栓的最小边距 D_{min}、临界边距 $D_{Dr,N}$ 和群锚最小间距 S_{min}、临界间距 $S_{Dr,N}$ 应符合表5.8.4的规定。

表5.8.4 碳钢及合金钢锚栓钢材强度设计指标

D_{min}	$D_{Dr,N}$	S_{min}	$S_{Dr,N}$
$\geqslant 0.8h_{ef}$	$\geqslant 1.5h_{ef}$	$\geqslant 1.0h_{ef}$	$\geqslant 3.0h_{ef}$

注：h_{ef}-锚栓的有效锚固长度（mm），按定型产品说明书中的推荐值取用。

4 地震区锚栓的实际锚固深度，应按计算确定的有效锚固深度乘以抗震构造修正系数 $\psi_{\alpha E}$ 后采用。对6度区，取 $\psi_{\alpha E}=1.0$；对7度区，取 $\psi_{\alpha E}=1.1$；对8度区Ⅰ、Ⅱ类场地，取 $\psi_{\alpha E}=1.2$。

5 锚栓防腐蚀等级应高于桥梁本身的防腐蚀要求。

6 桥面系的维修与改造

6.1 桥面铺装维修与改造

6.1.1 一般规定：

1 桥面铺装通常采用沥青混凝土铺装和水泥混凝土铺装，铺装层的病害、缺陷产生的主要原因有：

（1）桥面铺装材料的力学性能差、施工质量控制不严等，由铺装材料自身缺陷产生的病害。

（2）桥面铺装与桥面板混凝土的黏结力不足，产生的开裂、推移、拥包等病害。

（3）上部结构刚度小或大轴载车辆的作用下，主梁下挠变形大，铺装层的变形与桥面板的变形不协调，产生的剥离、开裂等病害。

（4）桥面板开裂、局部塌陷、铰缝失效或拱背填料沉降、腹孔变形等，由于结构缺陷引发的铺装病害。

2 桥面铺装维修或改造时，应查明桥面铺装产生缺陷的原因，相应的处置对策为：

（1）由桥面铺装材料性能不足产生的病害，面积较小，且缺陷位置随机分布时，可仅对缺陷区进行维修；缺陷面积较大，影响防排水功能、影响行车安全时，应重新铺装桥面。

（2）由结构变形大、单梁（板）受力等引发的铺装病害，应先对结构病害进行处置，之后补修铺装或重新铺装桥面。

3 桥面铺装维修或重新铺装时，当需凿除原桥面时应采用人工或小型破碎镐凿除原桥面铺装层，避免损坏桥面板。

4 桥面铺装整体重新铺装时，若桥面高程与原高程产生变化，应考虑桥面泄水管和伸缩装置与新铺装的适应性，护栏或人行道缘石的净高变化，桥面与引道路面的顺坡过渡。

5 桥面铺装改造时注意保护设置在桥面的永久观测点。

6 桥面铺装的维修或改造对交通干扰大，应合理安排施工工序，设立交通导行标志、标牌或车辆绕行预案。

6.1.2 沥青混凝土桥面铺装的维修：

1 裂缝的修补：

（1）裂缝修补可采用灌缝、贴缝、带状挖补方式，或进行组合使用。灌缝材料宜采用密封胶；贴缝材料可采用热黏式贴缝胶和自黏式贴缝胶，其工艺可分为直接贴缝和灌缝后贴缝。

（2）缝宽不大于3mm，一般采用开槽灌缝或直接贴缝；缝宽大于3mm且裂缝周边无散落，一般采用清缝灌缝或灌缝后贴缝，贴缝前可采用密封胶、（改性）热沥青或（改性）乳化沥青（砂）灌缝处理。

（3）裂缝修补材料技术要求、工艺流程应符合现行《公路沥青路面养护技术规范》（JTG 5142）及相关标准的要求。

（4）裂缝修补后出现明显变形、唧泥等破坏的，应采用带状挖补方法进行彻底处理，必要时应对基层进行处理。面层应采用与原沥青面层相同的材料进行修补，并做好纵横向排水处理措施。

（5）重度局部块裂、龟裂应按坑槽修补方法进行。

2 坑槽的处治：

（1）坑槽可采用就地热修补、热料热补、冷料冷补等方式，坑槽修补应符合下列规定：

①坑槽修补材料应具有足够的强度以及良好的高低温性能、抗水损坏和老化性能。

②应按"圆洞方补、斜洞正补"的原则，确定坑槽破损的边界。坑槽修补轮廓线与行车方向平行或垂直，并超过坑槽破损边界10~15cm。

③坑槽处治至损坏的最底部，对于梁、板桥开槽深度应到混凝土整体化现浇层，拱式桥开槽深度不小于原铺装厚度；槽壁应垂直，槽底清理干净。拱式桥若基层存在缺陷，应处理后再铺筑。

④修补后新填补部分应略高于原桥面，待行车压实后保持与原桥面相平。

⑤雨季和多雨地区，应对坑槽修补接缝处进行封缝处理。

⑥坑槽修补完成后，应清理作业区域，开放交通。

（2）坑槽修补材料技术要求、工艺流程、质量控制应符合现行《公路沥青路面养护技术规范》（JTG 5142）及相关标准的要求。

3 车辙的处治：

（1）车辙可根据范围和严重程度，合理确定采取局部车辙处治或大范围直接填充、就地热再生、铣刨重铺等措施，可按表6.1.2选用。

表6.1.2 车辙处治措施选用

车辙深度RD	直接填充	就地热再生	铣刨重铺
RD≤15mm	√	△	△
15＜RD≤30mm	△	√	√
RD＞30mm	×	△	√

注："√"为推荐，"△"为可选，"×"为不推荐。

（2）局部车辙处治可采用微表处填充，也可采用坑槽等病害综合热修补进行现场加热、耙松、补料与压实处理，还可采用局部铣刨重铺措施。

（3）车辙处治所用原材料、混合料设计、施工工艺、设备要求与质量控制应按现行《公路沥青路面养护技术规范》（JTG 5142）和《公路沥青路面施工技术规范》（JTG F40）的有关规定执行。

6.1.3 沥青混凝土桥面铺装的改造：

1 梁（板）桥：

（1）对于预制装配式梁（板）桥，由于单板（梁）受力引起的纵向裂缝，宜将沥青混凝土桥面改造为钢筋混凝土桥面铺装，提高上部结构的横向刚度。

（2）凿除沥青混凝土铺装层及原整体现浇层，对于板桥，清除铰缝内混凝土，重新浇筑铰缝；对于梁桥，修复横向联系的连接。

（3）设计时应考虑铺装层参与结构受力，为保证共同工作的可靠性，在梁板顶植入竖向钢筋，植筋应布置在梁板的腹板对应位置处，保证植入深度。植筋数量由计算确定，在构造上，植筋横向间距由腹板间距决定，纵向间距不宜大于50cm。

（4）设置桥面钢筋网，浇筑铺装混凝土。

2 上承式拱式桥：

（1）拱背填料沉降、腹拱变形产生的桥面铺装沉降、开裂，以及侧墙外倾、拱圈渗漏水等病害，宜将沥青混凝土桥面改造为钢筋混凝土桥面板。

（2）清除的部分拱上填料，设置桥面板基层，基层采用水泥稳定碎石，施工困难时可采用C15片石混凝土。基层厚度宜大于20cm，根据原结构主拱圈的类型和跨径，调整基层厚度。基层应保持全桥刚度连续，同时控制桥面高程增加最小。

（3）现浇板的宽度宜大于拱上两侧墙最外侧的距离，提高防排水性能。

（4）对应拱桥的伸缩缝或变形缝处，钢筋混凝土桥面板应设置相应的变形缝；为防止混凝土收缩产生不规则开裂，应按一定间距横向切缝。

6.1.4 水泥混凝土铺装层若有磨光、脱皮、露骨或破裂等缺陷时，通常可采用下列方法进行维修：

1 原结构凿补：将原水泥混凝土铺装层的局部表面凿槽处理，使粗集料出露，冲洗干净并充分润湿，再涂刷上聚合物砂浆，之后浇筑一层厚度不小于5cm的早强聚合物混凝土。

2 沥青类材料修补：将原水泥混凝土铺装层的局部表面凿槽处理，使粗集料出露，采用沥青类材料修补桥面铺装。沥青类材料修补较水泥混凝土修补容易，结合可靠，施工期间对交通影响也较小。

6.1.5 水泥混凝土桥面铺装的改造：

1 加铺沥青混凝土桥面铺装：水泥混凝土铺装层出现大面积磨光、脱皮、露骨、开裂、错台，但基层无缺陷时，可将原水泥混凝土铺装层的表面进行处理，改造为沥青混凝土桥面铺装，铺装厚度不宜小于7cm。

2 拱桥基层出现严重沉降、桥面板断裂时，应全部凿除，修复基层，重筑钢筋混凝土铺装层。

6.1.6 钢筋混凝土铺装层（含整体化层）技术要求：

1 一般要求：

（1）水泥混凝土桥面铺装应针对桥梁所处环境和预定功能进行耐久性设计。

（2）水泥混凝土桥面铺装厚度、强度、平整度和裂缝是钢筋混凝土桥面铺装质量的关键指标，设计和施工应重点考虑平整度和裂缝的控制。

（3）在进行桥面混凝土铺装前，应对桥面高程进行普测，保证桥面铺装层厚度和线形符合设计要求。

（4）桥面铺装混凝土施工应特别注意结合面处理，钢筋网的定位，混凝土的拌和、运输、浇筑等技术环节。

（5）装配式组合T梁干接缝改造为湿接缝需保留原结构钢筋时，宜采用高压水射流设备切割、破碎需凿除部分的混凝土。采用其他方式时，不得损伤或弯折需保留的原结构钢筋。

（6）桥面铺装拆除和梁间接缝改造期间，当T形梁、I形梁等横向稳定性较差时，应设置必要的横向辅助支撑，避免主梁倾覆。

（7）装配式组合箱梁、空心板顶板厚度不足引起桥面板破损和开裂时，应先对桥面板进行补强。

（8）桥面板补强完成后，应特别重视养护工作，并应及时完善桥面系，疏通或改造泄水管，按规范要求完善标志标线。若采用水泥混凝土铺装层，尚应设置完善的抗滑构造。

（9）桥面混凝土的铺装应全幅施工，不具备全幅施工时，应合理布置纵向施工缝。

2 材料：

（1）混凝土：

①工作性能：泵送混凝土初始坍落度为120～140mm，1h坍落度为100～120mm，浇筑时坍落度不大于100mm；初凝时间一般应大于3h；现场自拌混凝土，浇筑时坍落度控制在30～60mm。

②强度等级：桥面混凝土等级不宜低于C40。

③抗渗等级：对于不加铺沥青混凝土面层的桥面铺装，抗渗等级宜为P8；对于加铺沥青混凝土面层的桥面铺装，抗渗等级宜为P6。

④纤维混凝土可提高抗裂性、韧性、延伸率、抗冲击力和抗渗能力等，适用于桥面铺装层。

（2）普通钢筋网：

①采用HRB400级热轧带肋钢筋。

②钢筋网的规格宜符合下列规定：

钢筋直径：12mm；

钢筋间距：100mm；

网片间净距：大于或等于60mm。

（3）焊接钢筋网：

①桥面铺装钢筋焊接宜采用 CRB550 级冷轧带肋钢筋或 HRB400 级热轧带肋钢筋制作。钢筋焊接网分为定型焊接网和定制焊接网两种，定型焊接网在两个方向上的钢筋间距和直径可以不同；定制焊接网的形状、尺寸根据设计要求确定。

②钢筋焊接网的规格宜符合下列规定：

钢筋直径：冷轧带肋钢筋为 8～12mm；热轧带肋钢筋宜采用 10～16mm；

焊接网长度不宜超过 12.0m，宽度不宜超过 3.3m；焊接网钢筋间距宜为 100mm。

3 构造规定：

（1）桥面铺装采用沥青混凝土层时，水泥混凝土现浇整体化层的最小厚度为8cm，一般按10cm设置，其构造设计为：

①设置 d8 焊接带肋钢筋网片，其间距为 100×100mm；普通钢筋网钢筋直径采用12mm，间距为 100×100mm；距离混凝土顶面的净保护层厚度不小于 2.5cm。

②有必要时，可在混凝土中掺入 0.8～1.0kg/m³ 聚丙烯腈纤维，掺入量根据实际情况或试验调整确定。

（2）桥面铺装采用水泥混凝土时，其厚度：梁式桥最小厚度不小于10cm，最大厚度不宜大于16cm；拱式桥厚度 20～24cm。其构造设计为：

①设置 d10 焊接带肋钢筋网片，其间距为 100×100mm；普通钢筋网钢筋直径采用12mm，间距为 100×100mm；距离混凝土顶面的净保护层厚度不小于 4.0cm。

②有必要时，可在混凝土中掺入 0.8～1.0kg/m³ 聚丙烯腈纤维，掺入量根据实际情况或试验调整确定。

③为了提高混凝土早期耐磨性能，粉煤灰、磨细矿渣粉等矿物掺合料不宜超过胶凝材料的10%。

4 表面刻槽、切缝与填缝：

（1）表面刻槽：

①水泥混凝土桥面铺装，应采用刻槽机进行硬刻槽。刻槽时间一般根据试验结果和现场情况确定。刻槽作业时，混凝土强度应大于设计强度的90%。

②在横桥向切缝处的两端，各留10cm宽的范围不刻槽，防止硬刻槽与横桥向切缝交接部位混凝土破损。

③矩形槽槽深宜为 3～4mm，槽宽宜为 3～5mm，槽间距宜为 12～25mm。采用变间距时，槽间距可在规定尺寸范围内随机调整。

④结冰地区，可采用上宽6mm，下宽3mm的梯形槽或上宽6mm的半圆形槽。

（2）切缝：

①混凝土桥面铺装层达到设计强度，同时大于7d龄期后，可进行切缝，并应根据现场试验进行调整。

②混凝土桥面铺装切缝深度一般为2cm，宽度为3mm；在桥墩顶对应桥面处应设置一道切缝，两桥墩间按间距5.0m等距切缝。

（3）填缝：切缝完成后，应及时清理缝内杂物，使缝内干净、干燥；填缝材料应选用弹性好、温度稳定性可靠的塑性材料。

6.2 人行道、栏杆及护栏维修与改造

6.2.1 一般规定：
1 修复应及时，修复前应做好临时安全措施，设置合规的警示标牌。
2 钢护栏及钢筋混凝土护栏上的外露钢构件应根据环境条件定期涂装。
3 伸缩装置处的栏杆或护栏应满足结构的变形需要。
4 取消原桥人行道时，应对行人通行需求进行调查论证。

6.2.2 人行道、栏杆和护栏构造应满足现行《公路交通安全设施设计规范》（JTG D81）和《公路交通安全设施设计细则》（JTG/T D81）的相关要求，并符合下列规定：
1 当原人行道、栏杆和护栏构造满足要求，局部变形、断裂、缺损、位移等病害影响行人和车辆通行安全时，应按原结构样式进行恢复。
2 当构造不满足要求，或大范围缺损时，应拆除新建。

6.2.3 原桥为人行道、栏杆，需改造为护栏时，应满足下列条件：
1 护栏构造形式满足现行技术和安全标准要求。
2 护栏与结构必须可靠连接，避免对原结构产生不利影响。
3 对桥面的防排水功能无影响，或改造后无影响。

6.2.4 原桥人行道需加宽时，应满足下列条件：
1 内侧不得侵占行车道净空。
2 外侧悬挑长度增加时，宜对挑梁和锚固连接进行验算。
3 人群荷载增加，宜对边梁（板）进行承载能力评估。

6.2.5 位于城镇或景区桥梁，因景观需求，原普通栏杆需改造为尺寸较大的石质栏杆时，应考虑对人行道净空侵占的影响，自重增加对人行道挑梁、边板翼板的影响。

6.3 伸缩装置维修与更换

6.3.1 桥梁伸缩缝指的是为满足上部结构变形需求，在相邻梁端之间、梁端与桥台背墙之间预设的缝隙。为使车辆行驶通过时，缝隙处平顺、无突跳及防止雨水和杂物落入，在缝隙处与桥面顶平齐安装伸缩装置。

6.3.2 一般规定：

1 维修或更换施工中应采用分段、分幅模式，并加强交通管制与导行。锚固区混凝土强度未达到设计要求时，不宜开放交通。

2 宜采用早强、高强材料，缩短伸缩缝维修或更换的施工工期，既要保障伸缩缝的维修质量，又要降低交通干扰期。

3 更换伸缩装置时宜选择技术先进合理的伸缩装置，伸缩量应满足桥跨结构变形需要。

6.3.3 伸缩装置存在以下病害时，应及时维修：

1 伸缩缝两侧高低差：由施工误差产生的，可采用沥青混凝土找平，减少跳车产生的冲击影响；由支座掉落或支座垫石压碎等其他问题产生的缺陷，应对相应缺陷进行维修。

2 橡胶止水条损坏后，按下列步骤更换：

（1）利用氧焊枪对损坏的橡胶条锚固部位高温加热处理，使橡胶条与伸缩缝钢梁脱离，清除损坏的橡胶条。

（2）清理缝内杂物。

（3）用润滑油脂均匀涂抹钢梁两侧凹槽，将准备好的新橡胶条平放于安装位置；将新橡胶条嵌进钢梁凹槽。

3 伸缩缝堵塞：伸缩缝内的杂物主要有施工时遗留的混凝土碎块、模板、沥青混凝土碎块；运营时掉落的沙石、煤渣、垃圾等杂物。主要采用人工在桥下清掏的方式清理，困难时采用钢钎和高压水辅助清理。

4 锚固区混凝土开裂、局部破损：对混凝土裂缝采用注胶封闭；局部破损采用纤维混凝土或聚合物混凝土进行修补。修补混凝土应具有早强、抗冲和耐磨特性。

6.3.4 伸缩装置产生以下缺陷时，应及时进行更换：

1 伸缩量不能满足伸缩缝宽度变化的需求。

2 桥面铺装改造，桥面高程产生变化。

3 早期采用的U形锌铁皮伸缩装置，锌铁皮严重锈蚀、断裂和脱落。

4 钢板伸缩装置或梳齿钢板伸缩装置的钢板变形、断裂；齿板翘曲、断齿；混凝土破碎，锚固螺栓脱落；齿板抵死，不能正常伸缩。

5 橡胶伸缩装置的型钢变形、松动、断裂；锚固混凝土破碎，型钢锚固钢筋外露锈蚀。

6 板式橡胶伸缩装置橡胶件的破损，橡胶板断裂、脱落；锚固件的损坏、松动，伸缩缝装置下陷、鼓起等；整体破坏、功能丧失。

7 模数式伸缩缝异形钢梁扭曲变形，连接处开焊；异形钢梁出现晃动、倾斜，中梁和支撑横梁脱空或横梁变位；钢梁挤死，橡胶带无法更换，影响伸缩装置功能，漏水严重；锚固混凝土破损，伸缩缝装置松动。

6.3.5 更换伸缩装置时，新伸缩装置选型应满足下列条件：

1 伸缩装置的最大位移量应按桥跨跨径及联长、环境温度变化、混凝土龄期及相应的收缩徐变、橡胶支座的剪切变形等计算确定，满足结构变形要求。
2 伸缩装置应具有足够的刚度和强度，中心线处最大竖向挠度不得超过 $L/600$（L 为沿纵向的伸缩缝宽度），应能满足作用在路面上任意方向的 200kN 制动荷载。
3 伸缩装置应具备良好的防排水构造。
4 伸缩缝装置上表面的摩擦系数不小于 0.55。
5 伸缩装置应更换方便，便于接长，适应分段更换施工。
6 伸缩装置和锚固钢筋的设置适应桥梁结构构造尺寸。
7 更换后维修养护方便。

6.3.6 伸缩装置维修与更换采用的钢材、橡胶、弹簧、钢筋等材料技术指标应符合现行《公路桥梁伸缩装置通用技术条件》（JT/T 327）的有关要求。材料应具有出厂质量检验合格证明和试验检测报告。

6.3.7 伸缩装置整体性能、尺寸偏差、外观质量、组装要求等技术指标应符合现行《公路桥梁伸缩装置通用技术条件》（JT/T 327）的规定。

6.3.8 原伸缩装置拆除后，如原锚固钢筋破坏，数量或长度不足，以及新旧伸缩装置的锚筋位置不一致时，应充分利用原锚固钢筋，并增加植筋进行补强。植筋位置根据新伸缩装置锚环位置确定，植筋与锚环焊接。

6.3.9 伸缩装置的安装宽度确定包括下列内容：

1 伸缩装置施工安装宽度，由安装时温度确定出厂时的压缩量定位。
2 明确选用伸缩装置的伸缩量及最小工作宽度。
3 计算确定伸缩装置在安装后的开口量和闭口量。
4 确定安装宽度范围。

6.3.10 伸缩装置槽口新浇混凝土可采用环氧树脂混凝土和各种早强型特种水泥的混凝土。混凝土除早强外，还需考虑与原混凝土的黏结强度、耐久性，以及再次破损后的拆除难度等相关问题。

6.4 桥面排水系统维修

6.4.1 桥面排水系统应完好通畅，保持桥面雨后无积水。

6.4.2 排水系统的主要缺陷包括下列内容：

1 桥面铺装破损、车辙、凹陷，积水存留。
2 泄水管堵塞、泄水管数量或管径不足。
3 泄水管位置设置不当或泄水管收水口高于桥面。
4 泄水管与周边混凝土存在缝隙，管周围渗漏水。
5 出水管过短，导致泄水管周围以及边梁外侧混凝土的侵蚀破坏。
6 集中排水系统，管路较长且曲折或管口距地面过近，在冬季冻胀的作用下产生破坏。

6.4.3 桥面表面排水系统由合理的桥面纵、横坡度，完好的桥面铺装及合理设置的纵向渗沟、垂直或横向泄水管组成。否则，按下列要求进行改造：
1 桥面纵坡一般不可调整，当桥面纵坡小于 0.5%，且桥梁存在渗漏水病害时，宜补设泄水管或加大原泄水管管径。
2 桥面横坡可在桥面铺装改造时进行调整，采用双向横坡时不应小于 1.5%，采用单向横坡时不应小于 2.0%。设置超高的曲线桥梁，在内侧设置泄水管，应加密泄水管设置间距。
3 下渗至桥面铺装内部的积水，采用排、防水相结合的方式。桥面铺装改造时，设置防水层或沥青封层。
4 可采用管口段栅栏式泄水管，并在横坡的低侧设置纵向盲沟，收集内部积水，通过管口段栅栏排出。

6.4.4 排水系统改造时应注意以下细节：
1 在泄水管管口处要安装可防盗的管笼，避免杂物堵塞。
2 泄水孔收水口应低于桥面铺装顶至少 1cm，收水口周围做成漏斗状，使排水顺畅。
3 泄水管平置时，最小纵坡应不小于 3%，出口段长度不小于 20cm；立置直排时，出口段长度不小于梁板高度的 2/3。
4 在桥梁伸缩缝的高侧应增设泄水口，在桥面凹形竖曲线的最低点区段加密泄水口，间距 3~5m。
5 集中排水管路，在管道转向处应做顺水连接；为方便检修，排水立管下端、排水横管与立管连接的弯头处，应设置检查口。

6.4.5 泄水管设置可依据现行《公路排水设计规范》（JTG/T D33）中关于设计径流量的计算方法确定。

6.4.6 桥面铺装改造时是桥面排水系统完善改造的最佳时机。

7 常规结构桥梁加固常用方法

7.1 一般规定

7.1.1 加固设计依据是桥梁设计文件、施工资料、竣工文件、检测评估报告、监测报告及养护历史资料，应进行现场核对，并补充必要的勘察、检测等设计所需相关资料。

7.1.2 桥梁结构加固设计主要包括：
1 提高承载能力：对于受弯构件，包括正截面抗弯承载力加固和斜截面抗剪承载力加固；对于偏心受压构件，正截面抗压承载力加固。
2 改善正常使用性能：控制截面的拉、压应力在规范限值内，表面产生裂缝；约束裂缝宽度的扩展；降低活载作用下的结构变形。
3 增加结构稳定性：桥台的抗倾覆、抗滑移能力；高墩、独柱墩的稳定性；长细比较大的主拱圈、拱肋的横向稳定性；整体现浇曲线梁的抗倾覆能力。

7.1.3 构件的承载能力极限状态应满足式（7.1.3）的要求：

$$\gamma_0 S \leq R \tag{7.1.3}$$

式中：γ_0——桥涵结构重要性系数，桥涵结构设计安全等级应符合现行《公路桥涵设计通用规范》（JTG D60）的规定；

S——作用组合（其中汽车荷载应计入冲击作用）的效应设计值，按现行《公路桥涵设计通用规范》（JTG D60）的规定，对持久设计状况应按作用基本组合计算；

R——构件承载力设计值。

7.1.4 加固设计时，单一的加固措施应兼顾结构构件多方面的性能改善，也可多种加固方法综合使用。

7.1.5 计算基本规定：
1 应以结构病害、材料性能劣化等确定截面折减系数、构件恶化系数和检算系数。材料性能、结构几何变形等参数的取值，应以桥梁现状的检测结果为准。
2 应考虑分阶段受力，在新加材料与原结构（构件）未有效结合前，其恒载（含新加材料重量）应由原结构截面承担；有效结合后施加的荷载（恒载、活载、附加载）由新、旧组合截面承担。

3 应充分考虑桥梁建设年代采用的设计规范与现行设计规范存在的差异，如设计荷载、计算方法、材料强度取值标准等。

4 加固设计除应满足加固后各指标限值要求外，还应进行加固各施工阶段构件的应力、变形及稳定性验算。

5 加固改造措施致使结构恒载增大（超过原结构恒载5%）或受力体系改变，应对桥梁整体结构、被加固的相关结构及基础进行验算；墩身及基础阻水横断面加大超过5%时，应视具体情况进行相关的桥梁水文验算。

6 在极限状态下，原结构受压区边缘混凝土的应变达到极限值，截面受压区应力可简化为矩形计算，混凝土取抗压强度设计值。

7 在极限状态下，原结构受拉区钢筋仍为理想弹塑性材料，钢筋取抗拉强度设计值，以原结构混凝土或钢筋强度设计值控制。

8 加固受弯构件破坏形式应为正截面破坏先于斜截面破坏。

7.2 增大截面和配筋加固法

7.2.1 适用于钢筋混凝土和预应力混凝土受弯构件、钢筋混凝土受压构件、圬工受压构件的加固。可在一定范围内提高受弯构件的正截面抗弯承载力、斜截面抗剪承载力和刚度；提高受压构件的承载力和刚度。采用增大截面加固法，应考虑下列不利影响：

1 加大构件截面，恒载增加，二期恒载效应增加。
2 原构件截面与截面增大交接处刚度突变，形成新的薄弱截面。
3 构件尺寸的增大，改变了原结构外观。
4 构件质量改变，结构自振特性改变。

7.2.2 一般规定：

1 片、块石圬工砌体不应低于MU30；配筋混凝土受压构件强度等级不应低于C20，受弯构件强度等级不应低于C25。

2 界面构造和原构件混凝土表面处理应符合本指南第4.1节的规定且施工质量满足要求，确保新增混凝土与原构件混凝土变形协调、共同受力，加固后构件按整体截面计算。

3 上部结构采用增大截面加固时不得忽视其恒载效应，合理选择施工工艺。

7.2.3 增大截面加固桥梁构件的计算按现行《公路桥梁加固设计规范》（JTG/T J22）执行，并注意以下要点：

1 增大截面加固桥梁构件的作用效应，按下列两个阶段进行计算：

第一阶段：新浇混凝土层达到强度标准值之前，构件按原构件截面计算，荷载应考虑加固时包括原构件自重在内的恒载、现浇混凝土层自重及施工荷载。

第二阶段：新浇混凝土层达到强度标准值后，构件按加固后组合截面计算，作用（或荷载）应考虑包括加固后构件自重在内的恒载、二期作用的恒载及使用阶段的可变作用。作用效应组合按现行《公路桥涵设计通用规范》（JTG D60）取用。

2 受弯构件增大原构件截面，可分为在截面受压区或受拉区增设现浇混凝土加厚层两种方法。

3 仅在受压区增设现浇混凝土加厚层的钢筋混凝土和预应力混凝土受弯构件，在加固施工中以原构件为支撑，在其上浇筑混凝土加厚层并与原构件组合，构件的计算应按现行《公路钢筋混凝土及预应力混凝土桥涵设计规范》（JTG 3362）的规定进行。

（1）计算现浇混凝土加厚层与原构件之间混凝土收缩差效应时，应考虑混凝土徐变的影响。无可靠技术资料时，对整体浇筑的混凝土加厚层，可按相应于温度降低15~20℃考虑；对分段浇筑的混凝土加厚层，可按相应于温度降低10~15℃考虑。

（2）应按构造要求配置加厚层内的钢筋，配置结合面上的抗剪钢筋。

4 在受拉区加固受弯构件时的承载力计算，除应符合现行《公路钢筋混凝土及预应力混凝土桥涵设计规范》（JTG 3362）对受弯构件正截面承载力计算的基本假定外，尚应满足下列要求：

（1）在受弯承载能力极限状态下，截面受压边缘混凝土应变达到极限压应变ε_{cu}。截面受压区混凝土应力按等效矩形应力图形，混凝土抗压强度取原构件混凝土轴心抗压强度设计值f_{cd1}。

（2）构件达到受弯承载能力极限状态时，新增普通钢筋的拉应变ε_{s2}按平截面假定确定。新增普通钢筋的拉应力σ_{s2}应为钢筋的弹性模量E_{s2}与其拉应变ε_{s2}的乘积。

5 配筋混凝土肋梁斜截面加固可采用三面围套，大跨径箱梁可采用腹板加厚，抗剪承载力采用现行《公路桥梁加固设计规范》（JTG/T J22）中的计算公式计算。

6 构件的正常使用极限状态计算：

（1）钢筋混凝土叠合受弯构件在荷载的短期效应组合下，纵向钢筋的应力应符合式（7.2.3-1）的要求：

$$\sigma_{ss} = \sigma_{s1} + \sigma_{s2} \leq 0.7 f_{sk} \qquad (7.2.3\text{-}1)$$

$$\sigma_{s1} = \frac{M_g}{0.87 A_s h_{01}} \qquad (7.2.3\text{-}2)$$

$$\sigma_{s2} = \frac{0.5 (1 + h_1/h) M_{2s}}{0.87 A_s h_0} \qquad (7.2.3\text{-}3)$$

式中：f_{sk}——普通钢筋的抗拉标准强度（MPa）；

h，h_1——分别为混凝土截面加大后、加大前的梁高（mm）；

h_0，h_{01}——分别为混凝土截面加大后、加大前的有效高度（mm）；

M_g，M_{2s}——分别为混凝土截面加大前自重弯矩、加大后包括后期恒载和短期荷载下的弯矩（N·m）；

A_s——构件受拉区钢筋面积（mm²）。

(2) 裂缝宽度计算：

裂缝宽度按现行《公路钢筋混凝土及预应力混凝土桥涵设计规范》（JTG 3362）中钢筋混凝土构件的裂缝宽度公式计算，并满足限制值要求。在计算钢筋应力时，采用钢筋混凝土叠合受弯构件在荷载的短期效应组合下纵向钢筋的应力结果。

(3) 变形计算：

可将叠合受弯构件作为整体构件进行计算，但叠合截面的结构刚度是在原结构刚度的基础上乘以折减系数0.9，具体表达如下：

在作用频遇组合下，构件的刚度按式（7.2.3-4）计算：

$$B = \frac{0.9B_0}{\left(\frac{M_{cr}}{M_s}\right)^2 + \left[1 - \left(\frac{M_{cr}}{M_s}\right)^2\right]\frac{B_0}{B_{cr}}} \qquad (7.2.3\text{-}4)$$

式中：B——开裂构件等效截面的抗弯刚度（N·mm²）；

B_{cr}——开裂截面的抗弯刚度（N·mm²），$B_{cr} = 0.85E_c I_0$；

B_0——全截面的抗弯刚度（N·mm²），$B_0 = 0.85E_c I_{cr}$；

M_{cr}——开裂弯矩（N·m），$M_{cr} = \gamma \cdot f_{tk} \cdot w_0$，$\gamma = \frac{2S_0}{w_0}$；

M_s——短期荷载效应组合的计算弯矩值（N·m）；

I_0——全截面换算截面的惯性矩（mm⁴）；

I_{cr}——开裂截面换算截面的惯性矩（mm⁴）；

E_c——混凝土的弹性模量（MPa）；

f_{tk}——混凝土的抗拉标准强度（MPa）。

7 钢筋混凝土矩形截面偏心受压构件，可采用在原构件弯矩作用方向的单侧加厚和两侧加厚的增大截面加固法，计算时按分阶段受力考虑。

(1) 原构件验算荷载：自重、恒载（未卸除的桥梁恒重）和新增构件恒重（由原构件承担的恒重）称为一期荷载。施工验算时还要计入施工荷载和施工中的温度效应及混凝土徐变、收缩等。

(2) 原构件截面验算：需要计入荷载安全系数和考虑原构件的损伤折减来进行依次的施工阶段验算。

(3) 组合截面验算荷载：除去自重在内的一期恒载，作用在桥上的可变荷载称为二期荷载，并需要计入附加荷载的组合值。

(4) 组合截面验算：按不同材料的组合截面计算截面的几何性质。对受损的原构件进行适当弱化处理。因此，对于原构件来说，不但要承担一期荷载的分配值，也要承担二期荷载的分配值。组合构件的新增材料（结构）只承担二期荷载的分配值。

(5) 混凝土结构加固后的极限承载力以原结构截面中混凝土或钢筋强度设计值来进行控制。加固后的承载能力依靠原构件中混凝土或钢筋达到其设计值来控制使用。

(6) 对加固后偏心受压构件，还应按轴心受压构件复核垂直于弯矩作用平面的承载力。此时不考虑弯矩作用，按第二阶段作用轴心受压构件计算。

7.2.4 当采用增大截面法加固时，应满足下列构造要求：

1 新浇混凝土应符合下列规定：

（1）新浇混凝土强度级别宜比原构件混凝土强度提高一级，且不低于C30。

（2）新浇混凝土层的最小厚度，对板不宜小于100mm，对梁和受压构件不宜小于150mm。

（3）当新浇混凝土层厚度小于100mm时，可采用小石子混凝土或喷射高性能抗拉复合砂浆。在结构尺寸复杂和新浇混凝土施工条件差的情况下，可采用自密实混凝土。

2 钢筋应符合下列规定：

（1）加固用受力钢筋直径不小于12mm，不宜大于25mm；构造钢筋直径不小于10mm；箍筋直径不宜小于8mm。

（2）新增钢筋应按现行《公路钢筋混凝土及预应力混凝土桥涵设计规范》（JTG 3362）的要求进行设置，并应符合下列规定：

①当新增纵向钢筋与原构件受力钢筋采用短筋焊接时，短筋的直径不宜小于12mm，各短筋的中距不应大于500mm。

②当用单侧或双侧加固时，应设置U形箍筋或封闭式箍筋并与原构件牢固连接。

（3）在受拉区，新增纵向钢筋需截断时，应从计算截断点外至少增加一个锚固长度。受压构件新增纵向受力钢筋应伸入原结构中并满足锚固要求。

3 结合面应符合下列规定：

（1）按本指南第5.1节的要求进行处理。

（2）需要在原混凝土构件中植入钢筋时，数量应根据受力及构造要求确定，植筋设计应满足本指南第5.6节的要求。

7.2.5 当采用增大截面法加固时，新旧混凝土结合计算应符合下列规定：

1 在受压区增设现浇混凝土加厚层的梁，当满足构造要求时，原构件与新增混凝土现浇层之间结合面的抗剪承载力按式（7.2.5-1）计算：

$$\gamma_0 V_d \leq 0.12 f_{cd} b h_0 + 0.85 f_{sv} \frac{A_{sv}}{S_v} h_0 \qquad (7.2.5\text{-}1)$$

式中：V_d——加固后最大剪力组合设计值（N）；

f_{cd}——混凝土抗压强度设计值，当原构件与现浇混凝土不同时，取两者中较低者（MPa）；

b——新老混凝土的结合面宽度（mm）；

h_0——加固后构件截面的有效高度（mm）；

f_{sv}——结合面配置的箍筋或植筋抗拉强度设计值（MPa）；

A_{sv}——结合面上同一竖向截面配置的箍筋各肢总截面面积或植筋总截面面积（mm²）；

S_v——箍筋或植筋的间距（mm）。

2 在受压区增设现浇混凝土加厚层的板，当在新老混凝土的结合面上不配置抗剪钢筋且符合构造规定时，其结合面抗剪承载力应满足式（7.2.5-2）的要求：

$$\frac{\gamma_0 V_d}{bh_0} \leq 0.45 \text{（MPa）} \tag{7.2.5-2}$$

当结合面符合构造规定，且同一竖向截面配置不少于 $0.3\dfrac{bS_v}{f_{sd}}$（以 mm² 计）的竖向结合钢筋时，新老混凝土结合面抗剪承载力应满足式（7.2.5-3）的要求：

$$\frac{\gamma_0 V_d}{bh_0} \leq 2 \text{（MPa）} \tag{7.2.5-3}$$

在受拉区采用增大截面加固的受弯梁，原构件与新增混凝土现浇层之间结合面的抗剪承载力可按式（7.2.5-2）计算。

7.2.6 施工要点：

增大截面工程的施工应按下列步骤进行：

1 清理、修整原结构、构件。

2 界面处理。构件结合面的基面处理应符合本指南第 5.1 节的相关规定。在浇注混凝土前，原混凝土表面应清洗干净并保持清洁湿润。

3 植筋或锚栓施工。在原结构上植筋，其方法和技术要求应符合本指南第 5.6 节的规定。新增钢筋骨架应与锚筋连成整体，当钢筋需焊接时，若焊接部位距离原混凝土表面较近，施焊前应采取措施避免烧伤原结构混凝土。

4 新增钢筋制作与安装。

5 浇注混凝土前，隐蔽工程检查：

（1）界面处理施工质量。

（2）新增钢筋的品种、规格、数量和位置。

（3）新增钢筋与原构件的连接构造及焊接质量。

（4）植筋、锚栓施工质量。

（5）预埋件的规格、位置。

6 安装模板，浇注混凝土。新增截面混凝土的模板、支架和拱架应满足强度、刚度和稳定性的要求，制定好加、卸载施工流程。

新增截面混凝土配制及浇筑施工技术要求按现行《公路桥涵施工技术规范》（JTG/T 3650）执行。在条件受限制时，新增截面的混凝土施工可选用自密实混凝土并按现行《自密实混凝土应用技术规程》（JGJ/T 283）执行。

7 养护及拆模：

（1）浇注混凝土完毕后应及时对混凝土采取浇水、覆盖、涂刷养护剂等方法进行养护。

（2）特殊性能混凝土的养护时间和方法应按相应规定进行。

8 施工质量检验。

7.3 粘贴钢板加固法

7.3.1 适用于中小跨径钢筋混凝土和预应力混凝土受弯构件正截面和斜截面补强；钢筋混凝土偏心受压、拉构件的补强，不适合对配筋率小于0.2%的钢筋混凝土和圬工结构构件的加固。采用黏结剂及锚栓将钢板粘贴锚固在结构的受拉缘或薄弱部位，使其与结构共同受力，提高桥梁的承载能力。粘贴钢板加固法具有力学原理清晰，施工简单，对交通干扰小等优点。但应注意以下问题：

1 原结构混凝土表面破损、剥落严重时，影响粘贴效果；
2 需要对结合面进行处理，并钻埋锚固螺栓，对原结构产生一定损伤；
3 钢板易锈蚀，增加了养护费用；
4 提高承载能力的幅度有限。

7.3.2 一般规定：

1 粘贴钢板加固法适用的环境温度在 −20~60℃ 范围内，相对湿度不大于70%及无化学腐蚀地区。
2 被加固混凝土构件的混凝土强度对于受压构件强度等级不应低于C20，受弯构件强度等级不应低于C30。
3 粘贴钢板外表面应进行防护处理。
4 被加固构件处于特殊环境（如高温、高湿、介质侵蚀等）时，应采用耐环境因素作用的胶黏剂，并按专门的工艺要求施工。
5 粘贴钢板加固混凝土构件时，宜将钢板受力方式设计成仅受单向应力作用。
6 必须采取可靠的锚固措施，避免发生钢板与混凝土之间的黏结剥离破坏。
7 粘贴钢板加固应注意施工工序，减小原结构的钢筋应力，可提高粘贴钢板的效率。

7.3.3 粘贴钢板加固桥梁构件的计算按现行《公路桥梁加固设计规范》（JTG/T J22）执行，并注意以下要点：

1 粘贴钢板加固桥梁构件的作用效应宜分别按下列两个阶段进行计算：

第一阶段：粘贴钢板加固施工前，作用（或荷载）应考虑加固时包括原构件自重在内的实际恒载及施工时的其他荷载。

第二阶段：粘贴钢板加固后，作用（或荷载）应考虑包括构件自重在内的恒载、二期恒载作用及使用阶段的可变作用。

2 梁（板）受拉区粘贴钢板应进行正截面承载能力极限状态计算和钢板锚固黏结长度计算。

3 采用粘贴钢板对钢筋混凝土受弯构件进行抗弯加固时，除应遵守《公路钢筋混凝土及预应力混凝土桥涵设计规范》（JTG 3362—2018）第5.1.3条正截面承载力计算的基本假定外，构件达到受弯承载能力极限状态时，尚应按平截面假定确定钢板的拉应

变 ε_{sp}。钢板应力 σ_{sp} 等于拉应变 e_{sp} 与弹性模量 E_{sp} 的乘积,且小于钢板抗拉强度设计值。

7.3.4 构造要求:

1 钢板厚度以 6~10mm 为宜,当对斜截面加固时钢板的厚度可适当加厚。

2 粘贴钢板的锚固长度对于受拉区不得小于 $200t$(t 为钢板厚度),也不得小于 600mm;对于受压区,不得小于 $160t$,也不得小于 480mm。

3 钢板端部,应采取下列锚固措施:

(1) 对梁,应在延伸长度范围内均匀设置 U 形箍(图 7.3.4-1),且应在延伸长度的端部设置一道加强箍。U 形箍应伸至梁翼缘板底面。U 形箍的宽度,对端箍不应小于 200mm;对中间箍不应小于受弯加固钢板宽度的 1/2,且不应小于 100mm。U 形箍的厚度不应小于受弯加固钢板厚度的 1/2。U 形箍的上端应设置纵向钢压条;压条下面的空隙应加胶黏钢垫块填平。

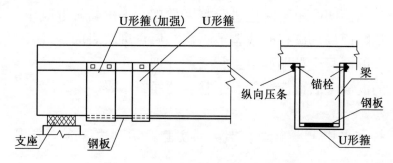

图 7.3.4-1 梁粘贴钢板端部锚固措施

(2) 对板,应在延伸长度范围内通长设置垂直于受力钢板方向的压条。压条应在延伸长度范围内均匀布置,且应在延伸长度的端部设置一道。钢压条的宽度不应小于受弯加固钢板宽度的 3/5,钢压条的厚度不应小于受弯加固钢板厚度的 1/2。

(3) 当采用钢板对受弯构件负弯矩区进行正截面承载加固时,应采取下列构造措施(图 7.3.4-2):

①对负弯矩区进行加固时,钢板应在负弯矩包络图范围内连续粘贴;其延伸长度的截断点按现行《公路桥梁加固设计规范》(JTG/T J22)的规定确定。

②对无法延伸的一侧,应粘贴钢板压条进行锚固。钢压条下面的空隙应加胶黏钢垫块填平。

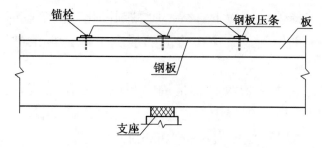

图 7.3.4-2 负弯矩区粘贴钢板端部锚固措施

（4）当采用钢板进行斜截面承载力加固时，应粘贴成斜向钢板、U形箍或L形箍。斜向钢板和U形箍、L形箍的上端应粘贴纵向钢压条予以锚固。

（5）直接涂胶粘贴钢板宜采用锚固螺栓，锚固深度不应小于6.5倍螺栓直径。锚栓布置的间距应满足下列要求：

①螺栓中心最大间距为24倍钢板厚度；最小间距为3倍螺栓孔径。

②螺栓中心距钢板边缘最大距离为8倍钢板厚度或120mm中的较小者。最小距离为2倍螺栓孔径。

③如果螺栓只用于钢板定位或粘贴加压时，不受上述限制。

7.3.5 施工工艺：

1 混凝土表面处理。

（1）清除混凝土黏结面剥落、松散、腐蚀等劣化部分及附着物，再对黏结面进行打磨，除去2~3mm厚表层，直至完全露出新的混凝土面，并且用压缩空气吹除粉尘。

（2）混凝土粘贴面凹凸不平时应进行整平处理，露出新鲜混凝土。

（3）混凝土粘贴面局部破损时应凿毛、修补后再进行表面处理。

（4）湿度较大的混凝土粘贴面应进行干燥处理。

（5）处理后的混凝土表面应粗糙、平整、洁净、干燥。

2 钢板制作。

（1）钢板下料宜采用工厂自动、半自动切割，切割边缘表面光滑，无毛刺、咬口及翘曲等缺陷。

（2）钢板黏合面可用喷砂或平砂轮打磨直至露出金属光泽，打磨纹路应与钢板受力方向垂直，钢板黏结面应有一定的粗糙度，粗糙度Ra宜为400~800μm。钢板外露面必须除锈至呈现金属光泽并保持干燥。

（3）按锚栓设计位置对钢板钻孔，孔的边缘应清除毛刺。

3 植螺栓。

（1）采用植筋法安装螺栓时，应采用与螺栓直径配套的钻头进行钻孔。

（2）钻孔前应探明钢筋位置，并作标记，当钻孔与钢筋位置冲突时，适当调整孔位，并按调整的孔位安装钢板。

（3）钻孔应清理干净，保持干燥，不得有油污。

4 钢板的安装与锚固。

（1）钢板粘贴应选择干燥环境下进行，胶黏剂固化期间应临时中断交通。

（2）将配好的胶黏剂均匀地涂抹在清洁的混凝土和钢板条黏结面上。立面涂胶应自上而下进行。

（3）压力注胶时，先用封边胶将钢板周围封闭，留出排气孔，在钢板低端粘贴注浆嘴并通气试漏后，以不小于0.1MPa的压力压入胶黏剂，当排气孔出现浆液后停止加压，并用封边胶封堵，再以较低压力维持10min以上。

5 加固所用的钢板、锚栓应按设计要求进行防腐处理。

7.4 粘贴纤维复合材料加固法

7.4.1 用浸渍树脂将高强度纤维片材粘贴在结构构件表面上，固化后形成具有纤维增强效应的复合体结构，约束混凝土横向变形来提高其承压能力。适用于改善钢筋混凝土受压柱的延性，提高抗震能力的加固、耐久性的加固。不适合对配筋率小于0.2%的钢筋混凝土和圬工结构构件的加固。对于受弯构件，如果不可能对原结构大幅度卸载，加固时应慎用。并注意以下问题：

1 加固后原构件的刚度基本上不发生变化；
2 不可承受剪切力。

7.4.2 一般规定：

1 采用纤维复合材料加固受压柱时，原构件混凝土强度等级不宜低于C15。
2 混凝土表面的黏结强度应满足拉拔试验要求。
3 纤维复合材料、黏结材料和表面防护材料的性能及使用环境等均应符合本指南第4.1节的要求。
4 加固后构件的承载能力由原构件中受拉钢筋或受压混凝土达到其强度设计值控制。
5 墩柱延性不足时，应采用全长无间隔环向连续纤维复合材料缠裹，即环向围束法加固。

7.4.3 粘贴纤维复合材料加固桥梁构件的计算按现行《公路桥梁加固设计规范》（JTG/T J22）执行，并注意以下要点：

1 采用环向连续粘贴纤维复合材料的方法加固轴心受压构件适用于下列情况：
（1）长细比 $l/D \leqslant 12$ 的圆形截面柱；
（2）长细比 $l/b \leqslant 14$、截面高宽比 $h/b \leqslant 1.5$，且截面棱角经过圆化打磨的正方形或矩形截面柱。
2 钢筋混凝土墩柱的延性不足，进行抗震加固时，可环向粘贴封闭式纤维复合材料，环向围束纤维复合材料按附加箍筋考虑。

7.4.4 构造要求：

1 受压构件构造要求：
（1）对于主要受力纤维复合材料，不宜绕过内倒角，可绕过外倒角，但构件的截面棱角应在粘贴前打磨成圆弧面。柱的圆化半径不应小于25mm。
（2）纤维复合材料条带应粘贴成环形箍，且纤维纺线应与柱的纵轴线垂直。
（3）当大偏心受压构件采用纤维复合材料加固时，可将纤维复合材料粘贴于构件受拉侧混凝土表面，纤维方向应与柱的纵轴线方向一致。

（4）沿柱轴向粘贴纤维复合材料加固时，应有足够的锚固长度。必要时可在纤维复合材料两端增设锚固措施。

2　墩柱延性加固设计构造要求：

（1）环向围束的纤维复合材料层数不宜过少，圆形截面不应少于2层，矩形截面不应少于3层。

（2）环向围束上下层之间应保证足够的搭接长度，不应小于50mm，纤维织物环向截断点的延伸长度不应小于200mm，且各条带搭接位置应相互错开。

7.4.5　施工要点：

1　混凝土表面处理。粘贴处阳角应打磨成圆弧状，阴角以修补材料填补成圆弧倒角，圆弧半径不应小于25mm。

2　涂刷底胶：

（1）调制好的底胶应及时使用，用一次性软毛刷或特制滚筒将底胶均匀涂抹于混凝土表面，不得漏刷、流淌或有气泡。

（2）待底胶固化后检查涂胶面，如涂胶面上有毛刺，应用砂纸打磨平顺，如胶层被磨损，应重新涂刷，固化后方可进行下一道工序。

（3）底胶固化后应尽快进行下一道工序，若涂刷时间超过7d，应清除原底胶，用砂轮机磨除，重新涂抹。

3　粘贴纤维复合材料：

（1）纤维复合材料粘贴应选择干燥环境下进行，胶黏剂固化期间应临时中断交通。

（2）施工碳纤维片材时应远离电气设备和电源，并采取可靠的防护措施。

（3）施工过程中应避免碳纤维片材弯折。

（4）黏结剂的配制和使用场所应保持良好通风。

（5）纤维复合材料粘贴宜在5～35℃环境温度条件下进行，胶黏剂的选用应满足使用环境温度的要求。

（6）按照设计尺寸裁剪纤维复合材料；纤维复合材料搭接长度不宜小于100mm。

（7）粘贴立面纤维复合材料时应按照由上到下的顺序进行。

（8）当采用多条或多层纤维复合材料加固时，在前一层纤维布表面用手指触摸，感到干燥后立即涂胶黏剂粘贴后一层纤维复合材料。最后一层纤维复合材料施工结束后，在其表面均匀涂抹一层浸渍树脂（面层防护），自然风干。

4　粘贴完毕后，对纤维复合材料表面应按设计要求进行防护处理，防护材料的黏结性能应与碳纤维片材表面涂刷的胶黏剂相容，并能可靠黏结。

7.5　体外预应力加固法

7.5.1　体外预应力加固是通过增设梁体外高强钢束（索），施加合适的预应力，以预应力产生的反弯矩抵消部分外荷载产生的内力，改善原结构应力幅值，以此达到改善桥梁使用性能和提高结构承载力的目的。

7.5.2 体外预应力加固法适用于以下情况的桥梁加固：
1 受弯构件的正截面抗弯承载能力不足。
2 受弯构件斜截面抗剪承载能力不足。
3 结构或构件的正常使用性能（刚度、抗裂性等）需改善。

7.5.3 体外预应力加固法与前述的各种加固方法比较，技术优势包括：
1 加固与卸载合一，消除被动加固时原结构的应力滞后现象，与原结构共同工作。
2 对被加固构件的承载力提高幅度较大。
3 高强材料的性能优势充分发挥。
4 有效的控制原结构的裂缝发展，改善原结构的抗裂性能，提高结构的刚度和耐久性。
5 可在不中断交通的条件下进行，对桥梁的运营影响小。

7.5.4 体外预应力加固法的缺点及产生的不利影响主要包括：
1 体外索布置在结构截面外，钢束防腐、保护要求高，耐久性易受到环境因素影响。
2 锚固及转向区域应力集中，对原结构混凝土强度有一定要求，对锚固可靠性设计要求高。
3 体外索与梁体无黏结，索力完全由锚具承受，对锚具性能要求较高。
4 体外预应力钢束仅在锚固和转向位置处才与结构的竖向位移相协调，结构变形时体外预应力钢束偏离原位置，产生体外预应力钢束的二次效应。
5 不合理的预加应力、钢束布置，会导致梁体产生新的病害。

7.5.5 一般规定：
1 当被加固构件的混凝土强度等级低于 C25 时，不宜采用体外预应力加固法。
2 体外预应力体系一般包括体外索、锚具、锚固装置、转向装置和减振装置。
（1）体外索可采用钢绞线、平行钢丝、精轧螺纹钢筋和碳纤维材料，优选环氧喷涂带 PE 的钢绞线。
（2）锚具应采用体外预应力专用锚具，一般需具有可补张、可换索的功能，需配置密封、防松和防护装置。
（3）锚固、转向和减振装置非定型产品，需根据结构构造形式、预应力索的布置进行专门设计。
3 体外预应力加固中所用的混凝土强度等级不得低于 C40。
4 转向装置可采用钢构件、现浇混凝土块体或附加钢锚箱等构造形式。转向装置必须与梁体连接可靠。

5　转向装置的尺寸设计应综合考虑体外预应力产生的径向力大小、体外预应力束的根数及其曲线形状、孔道直径、普通钢筋间距及混凝土保护层等因素。

7.5.6　体外预应力加固桥梁构件的计算按现行《公路桥梁加固设计规范》（JTG/T J22）执行，并注意以下要点：

1　体外索加固体系整体计算应包括持久状况承载能力极限状态计算，持久状况正常使用极限状态的抗裂性、裂缝宽度和变形计算，持久状况使用阶段的应力计算，以及体外索的疲劳应力验算。在汽车荷载计算时应计入冲击系数。

2　体外索加固体系局部计算应包括转向块、转向肋的承载力和抗裂性计算，锚固区的承载力和抗裂性计算，持久状况下加固体系其他局部构件的承载力计算。

3　对于体外索的混凝土锚固和转向构造等应力扰动区，可按拉压杆模型、实体有限元模型或特殊受力情况的简化公式计算。

4　持久状况承载能力极限状态计算包括正截面抗弯承载能力计算和斜截面抗剪承载能力计算，基本假定包括：

（1）加固后，原梁的混凝土正截面应变仍满足平截面假定。

（2）原梁中的体内普通钢筋和预应力钢筋与混凝土黏结良好，满足应变协调条件；忽略转向处摩擦的影响，体外预应力钢筋的应力沿程保持一致。

（3）忽略体外索二次效应的影响。

（4）截面受压区混凝土的应力图形简化为矩形；不考虑受压区混凝土的抗拉强度。

（5）原混凝土梁中普通钢筋和体内预应力钢筋的应力分别达到其抗拉强度设计值 f_{sd} 和 f_{pd}；体外预应力钢筋在抗弯承载力极限状态下的应力达到其极限应力计算值 $\sigma_{pu,e}$。

5　转向装置计算应遵循以下原则：

（1）混凝土块式转向装置承载力计算时可忽略混凝土抗力的影响，转向力的竖向分力和水平分力均由箍筋承担。

（2）混凝土转向块及混凝土横向转向肋的承载能力计算可分为抗拉承载力计算和抗剪承载力计算两部分。

（3）混凝土转向装置在正常使用极限状态和承载能力极限状态下的应力状况需经计算确定。

（4）必须对转向块或转向肋位置的原结构进行局部分析。

（5）计算转向装置的作用组合值时，不考虑可变作用应力增量的影响，取永存预加力 $N_{pe,e}$，荷载分项系数取 1.3，承受空间体外预应力作用的转向装置应考虑角度影响。

（6）对于钢制转向块必须计算其与混凝土接触界面连接的抗剪承载力和抗拉承载力，计算方法与混凝土转向块的计算方法相同。钢制转向块需满足钢结构的受力要求。

（7）在混凝土转向肋中转向器凹向区域内的混凝土承受局部压力，应进行局压承载力验算。

（8）当采用黏结-摩擦型锚固体系时，锚固力的大小仅计算黏结层的抗剪强度。

(9) 转向装置须进行锚下局部承压区的截面尺寸和局部抗压承载力验算。

(10) 当锚固在原桥结构的横（隔）梁时，应对原结构配筋进行抗弯、抗剪强度验算。

6 持久状况正常使用极限状态计算：

(1) 应分别按作用标准组合与频遇组合引起的效应对正常使用极限状态的结构进行验算，并应保证应力、变形、裂缝等计算值不超过相应的规定限制。计算时永久作用应计入新增恒载，汽车荷载计入冲击系数。预应力钢筋对混凝土梁体施力作用对应的荷载分项系数为1.0，当为超静定结构时尚应计入由预应力引起的次效应。

(2) 体外预应力加固受弯构件按下列三种情况设计：

①全预应力混凝土加固结构：在频遇组合引起的效应作用下控制截面边缘不容许出现拉应力。

②A类预应力混凝土加固结构：在频遇组合引起的效应作用下控制截面边缘出现不超过限值的拉应力。

③B类预应力混凝土加固结构：在频遇组合引起的效应作用下控制截面裂缝的宽度应小于限值。

(3) 计算体外预应力混凝土结构的弹性应力时，全预应力构件、A类构件应采用全截面换算截面积几何性质；B类构件应采用开裂的换算截面积几何性质。

(4) 体外预应力筋（束）应根据体外索的布置形式进行预应力损失计算。

(5) 应进行正截面和斜截面抗裂性验算，对B类构件还应进行裂缝计算。

(6) 应进行构件加固后变形计算，计算应满足下列要求：

①由体外预应力引起的变形值可按刚度$E_c I_0$计算，计算中须扣除全部预应力损失，并乘以长期增长系数$\eta_\theta = 1.35$。

②在使用阶段的挠度应考虑长期荷载效应的影响，取可变作用的挠度长期增长系数$\eta_\theta = 1.2$。

③受弯构件按上述计算的作用频遇组合下引桥的长期挠度值在消除结构自重产生的挠度后，其跨中最大值应不超过计算跨径的1/600，主梁的悬臂端不应超过悬臂长度的1/300。

7 应力计算应符合下列规定：

(1) 持久状况设计的体外预应力混凝土受弯构件，应计算加固后其使用阶段正截面混凝土法向压应力，斜截面混凝土的主压应力，原梁受拉区预应力钢筋的拉应力，以及体外预应力筋（束）中的拉应力。

(2) 应力计算时，作用（或荷载）取其标准值。汽车荷载必须考虑其冲击系数。

(3) 体外预应力筋（束）中的拉力$N_{p0,e}$等于其永存预加力与可变作用标准值产生的拉力增量之和。

7.5.7 构造要求：

1 体外预应力筋（束）的布置：

（1）体外预应力筋（束）布置方式与桥梁结构的内力分布有关。体外预应力筋（束）可根据原结构的构造及断面形式布置在梁体的外侧或内侧。

（2）体外预应力筋（束）布置方式包括直线布置、单折线布置、双折线布置和多折线布置。在其转折点须设置转向装置，转向装置应优先考虑设置在主梁的横隔处。

（3）体外索的张拉端或锚固端可设在梁底、梁顶或端横隔板根部，也可将体外索的锚固端布置在主梁端部腹板两侧。

（4）对大跨径箱梁应将预应力筋（束）布置在箱（室）的内侧。体外预应力筋（束）沿桥梁纵向按跨长线布置，横桥向应左右对称。

（5）为便于检查和体外预应力筋（束）的更换，相邻钢束的净距应不小于100mm。

2 对于T梁或工形组合梁，预应力钢束采用折线布置时，体外预应力钢束在转向结构两侧的钢束的拉力差增大，当该差值累计达到一定程度并超过转向结构处的摩阻力时，体外预应力钢束在转向处会产生滑移，滑移发生后体外预应力钢束在各转向结构之间的拉力重新分配。

3 箱形梁加固体系的转向、定位及锚固装置设置在箱梁内部时，转向装置应设置符合预应力筋（束）弯转角度要求的弧形转向钢管，其管口应适当扩大。

4 转向装置中的转向钢管最小半径应满足现行《公路桥梁加固设计规范》（JTG/T J22）的相关规定。管径应比钢绞线束或钢丝束外径大20mm，其壁厚不宜小于6mm。

5 新浇筑混凝土转向装置的厚度不宜小于800mm。混凝土转向块中应设置封闭箍筋。箍筋宜采用植筋与混凝土箱体锚固。

6 箍筋距离转向器上缘的最小距离为25mm，直径不宜大于20mm；设置多层封闭箍筋时，层间距不宜小于50mm；箍筋的纵向间距不小于150mm。混凝土集料粒径不宜超过15mm。

7 箱梁内设置钢制转向块时可通过植筋、锚栓及胶黏剂将其可靠锚固。锚栓设计应满足现行《公路桥梁加固设计规范》（JTG/T J22）的相关规定。

8 体外索自由长度超过10m时，应设置减振装置。在减振装置中，钢束与护套之间应用隔振材料填实。后浇筑的混凝土定位（或减振）装置的厚度不宜小于400mm。

7.5.8 施工工艺：

1 预应力钢筋加工与运输：

（1）钢绞线、预应力螺纹钢筋等材料在下料安装之前要密封包裹，防止锈蚀。

（2）预应力材料必须保持清洁，在存放和搬运过程中应避免机械损伤和锈蚀。

（3）钢绞线、精轧螺纹钢筋应采用切断机或砂轮锯切断，不得采用电弧切割。预应力筋的下料长度应通过计算确定，计算时应考虑张拉设备所需的工作长度、冷拉伸长值、弹性回缩值、张拉伸长值和外露长度等因素。

2 安装及张拉：

（1）预应力张拉设备和仪器，应事先进行检验和标定，其负荷范围应与设计张力吨位匹配，必要时应配备专用压力传感器，确保张拉精度。

（2）按设计要求设置转向构造和锚固构造（齿板），安装锚具。

（3）预应力张拉施工与其他加固措施交叉作业时，应严格按照设计规定的施工工序及工艺流程执行。

（4）按现行《公路桥涵施工技术规范》（JTG/T 3650）的要求进行张拉，应对称、均衡张拉至设计张拉力，设计无要求时，可按 0→15%→0→50%→80%→100% 的次序张拉。

3 锚固构造、转向构造、减振装置：

（1）混凝土锚固构造施工应按照设计图纸进行锚固构造的放样，若原结构预应力筋与新增锚固构造位置冲突时，应经设计同意后方可调整锚固构造位置。混凝土锚固构造浇筑完毕后，应待混凝土强度达到设计值后方可张拉预应力束。

（2）界面处理、植筋或种植锚栓应符合本指南第 5 章的相关规定。

（3）转向、减振装置应根据设计要求在预应力筋（束）安装前通过种植螺栓与原结构连接，待钢束张拉完毕后，安装减振装置的钢结构和阻尼结构，并保证阻尼结构与预应力筋（束）的密贴。

4 体外预应力筋张拉结束后应按设计要求进行防腐处理。

5 施工监控：

（1）体外预应力施工，必要时应进行施工监控。

（2）在控制张拉力和伸长量的同时，应对原桥控制截面和关键位置的应变及主梁挠度进行监控。

（3）预应力张拉施工过程中，应随时对原构件修复过的部位进行检查，确保病害修复工作成功、构件传力可靠。同时还应检查其他关键受力点，确保没有因为预应力张拉原因出现新的病害。

7.6 改变结构受力体系加固法

7.6.1 改变结构受力体系加固法是采用一定技术措施改变原结构受力体系，调整控制截面的内力，从而达到结构抗力大于效应的目的。

7.6.2 桥梁常使用的改变结构受力体系的加固方法主要包括简支梁改变为连续梁体系加固法、增加辅助墩法、梁式体系转换为梁拱组合体系和梁式体系转斜拉体系法。

7.6.3 一般规定：

1 对拟采用改变结构受力体系法加固的桥梁，内力变化较大，应对方案进行深入、细致的论证。

2 采用改变结构受力体系加固时，应对新、旧结构的各受力阶段进行验算，并考虑与增大截面法、配筋加固法、粘贴钢板法等方法综合使用。

3 应注意由各种方法带来的一些不利附加影响，施工过程中严格按照设计规定的施工方法和工序进行。

7.6.4 简支梁改变为连续梁体系加固法：

1 适用条件：

（1）两跨及两跨以上简支梁，梁端结构连续后，受力体系由原来的简支转换为连续，跨中正弯矩显著减小，同时减少了伸缩缝数量，提高了行车舒适性。

（2）适用于多跨简支梁（板）因配筋不足、截面尺寸偏小，正截面抗弯承载能力明显不足及下挠过大的情况。

2 简支梁改变为连续梁体系法应考虑以下影响：

（1）考虑原桥的地基条件，防止由于基础不均匀沉降等对上部结构连续体系产生不利影响。

（2）考虑联长的改变对伸缩装置的要求。

3 设计计算：

（1）除对主梁墩顶处连接段进行分析外，还应对其他相关截面进行验算。

①根据现有支座形式及伸缩缝计算适宜的联系跨数，或先定出连续跨数，最后验算伸缩缝及支座是否满足要求。

②计算简支裸梁恒载、栏杆、人行道荷载各控制截面内力。

③计算桥面铺装在体系转变后的连续梁控制截面内力。

④计算活载在连续梁体系上的内力。

⑤简支梁体系转换后的正截面承载力和斜截面承载力计算时，结构体系转换前的恒载仍由简支体系承担，转换后新加恒载及活载由连续体系承担。

（2）计算方法按现行《公路钢筋混凝土及预应力混凝土桥涵设计规范》（JTG 3362）执行。

（3）对于桥梁服役期在10年以上的配筋混凝土桥梁，可不考虑原混凝土收缩、徐变的影响。

4 构造要求：

（1）当墩顶设置普通钢筋形成连续结构时，纵向受力钢筋直径不应小于20mm；布设长度应超出连续梁墩顶的负弯矩包络图范围，且不小于梁高的2倍。

（2）墩顶新增普通钢筋应与原梁钢筋连接牢固。

（3）当墩顶设置预应力钢束形成连续构造时，宜采用小吨位预应力扁锚分散错位锚固，纵向错位间距不宜小于1.5m，布设长度应超出连续梁墩顶负弯矩包络图范围，且不小于梁高的4倍，锚具处应保证足够的构造厚度。

（4）墩顶连续构造处顶面应设置一定数量的防裂钢筋，新老混凝土结合面应设置一定数量抗剪钢筋。墩顶两端横隔板间宜现浇形成整体横梁，混凝土强度应高于原梁一个等级，并采取措施做好桥面防水。

（5）墩顶宜采用新设单支座。

（6）连续钢筋或预应力钢束具体构造按现行《公路钢筋混凝土及预应力混凝土桥

涵设计规范》（JTG 3362）的有关规定执行。

7.6.5 增加辅助墩法：

1 适用条件：

（1）适用于桥下净空有利用空间的简支梁、板、桁架等结构的加固。

（2）增设支点后，改变了结构体系，减小计算跨径及跨中的弯矩，降低和限制梁板的挠曲变形。

（3）超重车过桥时可作为临时加固措施。

2 增加辅助墩法应考虑以下影响：

（1）新增桥墩占用了桥下净空，影响了行洪断面。

（2）新加设墩处支反力要求高，新加设墩支点处产生负弯矩，支点处上缘应适当采用其他方法补强加固。

3 设计方法：

（1）新支承按支承结构的竖向刚度大小分为刚性支撑和弹性支撑，以新支承处主梁上缘不出现拉应力为控制条件。

（2）为充分发挥新增构件的作用，宜采用预顶措施。

（3）辅助墩宜设置在 $0.25L_0$ 和 $0.75L_0$（L_0 为计算跨径）处，可通过调整辅助墩的位置，使跨中截面作用效应降低，满足强度要求。

（4）新支点处抗弯、抗剪强度，若不满足要求，应进行补强加固。

4 构造要求：

（1）新加设墩基础不得影响原桥墩台基础承载能力。

（2）增设支承加固法的支承构造按现行桥梁设计规范相应要求执行。

（3）新墩柱上应设新支座，且要求为活动支座。

7.6.6 梁式体系转斜拉体系法：

1 工作原理：在原桥墩两侧修筑矮塔，矮塔上布置刚性或柔性拉索，拉吊布置在梁底的钢梁或加强后的横隔板，为原桥上部结构提供一个或多个弹性支撑，使原结构转变为多跨连续梁。结构体系的改变，使原结构的内力发生改变，从而提高结构承载力。

2 适用于预应力混凝土简支梁、连续梁和连续刚构上部结构挠度过大、承载力不足的情况。

3 梁式体系转斜拉体系法应考虑以下影响：

（1）拉索的吊点处，主梁上缘可能会出现拉应力。

（2）对原结构外观改变较大。

4 设计方法：

（1）对于采用矮塔斜拉的加固体系，其合理的成桥状态为通过施加斜拉索的初拉力，使主梁的内力达到最优，并有效抑制主梁的下挠。加固体系的合理成桥状态应满足下列要求：

①截面上缘正应力不出现拉应力，吊点截面具有足够的压应力储备，主拉应力满足规范限值要求。

②相邻斜拉索之间索力分布合理。

③斜拉索在桥塔处可骑跨式布置，使拉索无不平衡水平力，索塔承受轴向压力为主。

④控制边跨支点处不出现负反力。

（2）吊点处形成剪力突变，抗剪强度应满足规范要求，必要时应补强加固。

（3）梁底的新增横梁，应进行强度、刚度验算。

7.7 加强横向联系加固法

7.7.1 增设横向联系或对原横向联系加强，提高横向刚度，以改善荷载横向分布特性，避免单梁（板）或单肋受力，提高肋拱桥横向稳定性。

7.7.2 适用条件：

1 适用于无内横梁或少内横梁的T形截面、工字形截面和箱形截面的梁式桥。
2 原横隔板连接薄弱、连接破坏，形成单梁受力。
3 多肋式肋拱桥横向联系薄弱、连接破坏，形成单肋受力。
4 当有抗震要求时，双柱或多柱式墩，墩高大于20m时，增设柱间横向联系。

7.7.3 加强横向联系加固法应考虑以下影响：

1 增设的横系梁（横隔板）刚度与主梁或拱肋刚度比过大，对主梁的扭转约束作用加强，导致主梁扭转破坏。
2 增设的横系梁（横隔板）需在主梁或拱肋上钻孔植筋，钻孔时会损伤原钢筋或预应力钢束。
3 对原横向联系采用混凝土外包加强时，增加了恒载。

7.7.4 设计方法：

1 依据横向联系的现状和加强方案，选择合适的荷载横向分配计算方法，对比分析分配系数的变化。
2 对原横向联系薄弱的加强，采用的方法有：
（1）外包混凝土增大截面法，分为部分外包和全截面外包。
（2）外包钢板加强法，分为干式外包钢加固法和湿式外包钢加固法。
（3）增设横向拉杆（施加适当的预紧力）加强法。
3 增设横系梁加强，采用的方法有：
（1）梁（拱）肋腹板植筋，设置上下缘受力钢筋和箍筋，现浇混凝土。
（2）梁（拱）肋腹板植锚栓，安装钢构件，钢构件视主梁的高度，可设计为单工形截面、箱形截面或桁架结构。

4 在同一跨内，增设横系梁的道数与原结构跨径、结构形式有关，一般设于 $L/2$、$L/4$、$L/8$、$3L/8$ 等特征截面，在跨内均匀布置。

5 原横向联系混凝土破损严重时，采用混凝土外包加强。仅连接钢板断裂、开焊时，若混凝土表面平整，采用干式外包钢加固法；横隔板接缝处错台、混凝土表面凹凸不平时，宜采用湿式外包钢加固法。

6 新增横系梁，一般采用现浇钢筋混凝土结构，但在不中断交通的情况下，混凝土与原结构连接处易产生开裂。钢构件自重小，但对加工精度要求较高，原结构尺寸存在偏差，使加工、安装难度增加。

7 原结构采用植筋或锚栓无法满足构造要求时，可考虑腹板钻孔设置横向拉杆加强横向联系。

8 横向联系加强，工程量小，施工难度较大；横向联系加强应与主梁加固协调考虑。

8 配筋混凝土梁式桥上部结构加固

8.1 一般规定

8.1.1 配筋混凝土（钢筋混凝土、部分预应力及全预应力混凝土）梁式桥按上部结构形式可分为板梁桥、肋梁桥、箱梁桥。

1 板梁桥主要包括整体现浇式空心板、实心板，预制装配式空心板。
2 肋梁桥主要包括预制装配式T梁、I形组合梁和组合小箱梁。
3 箱梁桥主要包括整体现浇式箱梁、节段悬臂浇筑变截面连续箱梁或连续刚构（连续刚构属刚架体系，其主梁内力状态、构造形式与连续梁类似）。

8.1.2 常见的配筋混凝土梁式桥主要类型：

1 板梁桥基本为简支结构。整体现浇板，大多为矩形截面，钢筋混凝土结构；预制装配式板，采用空心截面。跨径8~13m时，以钢筋混凝土结构为主；跨径为16~20m时，以部分预应力混凝土先张法为主，有一定数量跨径为16m的空心板，采用钢筋混凝土结构。

2 肋梁桥中T梁、I形组合梁以简支结构为主，组合小箱梁以简支转连续结构为主。T梁、I形组合梁跨径小于或等于20m时，采用钢筋混凝土结构为主；跨径大于20m时，以后张法预应力混凝土为主。组合小箱梁，均为后张法预应力混凝土结构，跨径以20m、30m为主，部分桥梁跨径达到40m。

3 整体现浇式箱梁多采用连续梁结构，跨径小于或等于20m时，以钢筋混凝土结构为主；跨径大于20m、小于40m时，以预应力混凝土结构为主，通常采用等梁高单箱多室截面；节段悬臂浇筑变截面连续箱梁或连续刚构桥，跨径大于60m，均采用全预应力混凝土结构，主梁为变梁高单箱单室截面。

8.1.3 加固前，掌握桥梁病害的产生原因、对结构的影响程度及其发展变化过程，重点关注结构变形、控制截面裂缝等承载能力不足引发的病害。

8.1.4 加固时，应按相关标准对桥梁实际承载能力状态进行检算分析，以明确桥梁承载能力衰变状况；按拟定的加固方案，进行加固理论效果评价，加固效果达不到预定目标时，须重新拟定加固方案。

8.1.5 当采用主动加固法如体外预应力加固、改变加固体系加固等时，加固措施对桥梁内力状态产生改变，结构控制截面应力、变形等指标须满足限值要求。

8.1.6 个别梁（板）出现断裂等病害标度为5类，而其他主梁技术状况良好时，宜更换病害严重的梁板。

8.1.7 装配式梁（板）的底面纵向裂缝，宜按本指南第5.2节进行裂缝处理，并进行耐久性加固。

8.1.8 当采用的加固方法增加了上部结构自重时，必要时对下部结构进行承载力、稳定性计算。

8.2 板梁加固

8.2.1 主要病害特征：

1 纵、横向开裂：

（1）钢筋混凝土板，正截面抗弯能力不足，在底板产生横向开裂，裂缝宽度超限。

（2）钢筋混凝土整体现浇板，通常跨宽比小于2，为双向板，横向弯矩产生纵桥向开裂。

（3）空心板底板纵桥向开裂，裂缝长度长，呈断续或连续状，开裂位置通常在底板厚度最薄处，为非受力裂缝。

2 铰缝缺陷与失效：

（1）铰缝渗漏水，局部开裂。

（2）铰缝构造不合理或施工不当使铰缝失效，形成单板受力，桥面铺装在铰缝处产生纵向开裂。

3 支座脱空：通常一块预制板设置4个支座，受安装精度的影响，其中一个支座会局部或全部脱空，易导致支座掉落，造成梁体扭转，铰缝承受剪力增加。

8.2.2 板梁桥加固主要通过加强薄弱构件、增强结构整体性的方法，达到提高桥梁整体承载能力的目的。

8.2.3 板梁桥加固的常用方法有粘贴钢板加固法、体外预应力加固法、增强横向联系加固法、桥面增大截面（补强层）加固法等。在实际使用中可根据具体情况综合使用。

1 粘贴钢板加固法：粘贴钢板法可用于抗弯承载能力不足时的加固，该方法可在一定范围内提高构件抗弯承载能力。

（1）当板梁正截面强度不足时，可采用在受拉区表面纵向粘贴钢板；当整体现浇双向板横向抗弯不足时，可在横向粘贴钢板。

（2）钢板的面积、粘贴区域由计算确定。

（3）钢板的粘贴、锚固应满足构造要求。

（4）已产生纵向开裂的整体板，裂缝宽度处于稳定状态、无桥面反射裂缝时，可仅对裂缝进行注胶封闭处理。

2 增强横向联系加固法：板梁横向联系薄弱，当在铰缝位置有渗漏水、桥面铺装沿铰缝位置出现纵向开裂、各相邻板间横向出现明显错台时，应加固补强构件间横向联系。增强横向联系通常有重做铰缝、增加桥面现浇层厚度等方法。

（1）重做铰缝，清除铰缝内混凝土，尽量保留原铰缝钢筋；铰缝钢筋不足或破坏时，采用植筋弥补，重新浇筑混凝土。

（2）增加桥面现浇层厚度，凿除原桥面现浇层，植入抗剪钢筋，设桥面钢筋网，并与原板预留钢筋和植筋焊接，结合面处理后，浇筑混凝土。通过在板顶增加钢筋混凝土现浇层厚度，使其与原有结构形成整体，从而增加板梁有效高度和受压截面，增加桥梁横向联系和桥面整体刚度，提高桥梁承载能力。

（3）增加桥面现浇层厚度和重做铰缝可同时进行。

（4）设计要求：

①采用桥面补强层加固时，补强层属二次受力结构，补强层在加固后并不立即受力，在活载作用下，结合面剪力传递至新现浇层才开始受力。原结构与补强层按组合结构计算。

②桥面补强层的厚度通过计算确定，结构抗力的增加须大于恒载效应的增加。

③加厚补强层后，桥面高程将受到影响，连接路面或桥面纵坡应予以调整。为减少补强层增加的恒载，必须先将原有的桥面铺装层凿除。

3 体外预应力加固法：

体外预应力加固法适用于结构承载能力不足引起的梁体开裂、梁体下挠等病害的处理，尤其适用于预应力板的加固。在梁底板施加纵向预应力，调整控制截面应力分布，以抵消部分自重及活载产生的正应力，提高板的承载能力。

空心板梁桥通常采用板底增设直线纵向预应力的方法，预应力常用材料有钢丝束、钢绞线或碳纤维板。体外预应力筋的面积、锚固、构造等应按照相关规范进行计算和设置。

8.3 肋梁加固

8.3.1 配筋混凝土装配式肋梁桥主要病害包括：

1 肋梁跨中区段弯曲开裂、$3L/8$ 至梁端区段腹板剪切斜向开裂等结构性裂缝。

2 收缩裂缝、施工缝裂缝和温度裂缝等非结构性裂缝。

3 相邻肋梁间横向联系破坏。

4 行车道板局部破坏、接缝纵向开裂等病害。

8.3.2 对于预应力混凝土肋梁桥，若主梁出现结构性裂缝，无论缝宽大小，需立即进行加固处治。

8.3.3 肋梁桥加固主要通过加强薄弱构件、增强结构整体性和调整主梁应力分布的方法，达到提高桥梁整体承载能力的目的。

8.3.4 肋梁桥加固的常用方法包括粘贴钢板加固法、增大截面（配筋）加固法、体外预应力加固法、改变结构体系加固法、增强横向联系加固法、桥面增大截面（补强层）加固法等。在实际使用中可根据具体情况综合使用。

1 粘贴钢板加固法：

粘贴钢板法可用于抗弯承载能力不足、抗剪承载能力不足的加固，该方法可在一定范围内提高构件抗弯、抗剪承载能力。

（1）当肋梁正截面强度不足时，可采用在受拉区表面纵向粘贴钢板。

（2）当肋梁斜截面强度不足时，可采用在支点区段竖向或斜向粘贴钢板。

（3）钢板的面积、粘贴区域由计算确定。

（4）钢板的粘贴、锚固应满足构造要求。

2 增大截面（配筋）加固法：

增大截面（配筋）加固法适用于主梁刚度不足、抗弯或抗剪承载力不足的情况，一般有增设马蹄法、增大腹板截面、增加桥面现浇层厚度等方法。

（1）增设马蹄法是将肋梁的下缘加宽加高，增大梁的断面，在新增断面中增设主筋，可用于主梁正截面抗弯强度不足、刚度不足的桥梁加固。如图 8.3.4-1 所示。

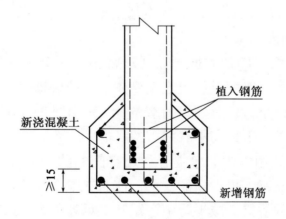

图 8.3.4-1 增设马蹄法增大截面加固示意图（尺寸单位：cm）

（2）增大腹板截面法依据抗剪强度计算确定增大截面部位及范围，增大肋梁桥腹板厚度，提高抗剪强度。某 30m T 梁腹板加固示例如图 8.3.4-2 所示。

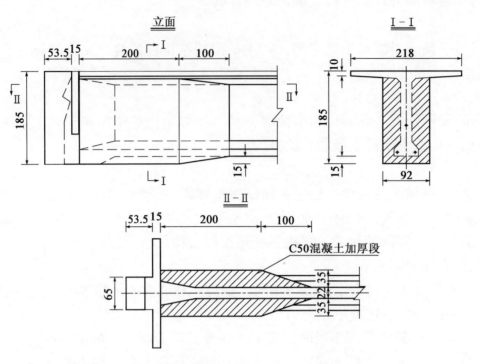

图 8.3.4-2 增大支点腹板截面加固示例（尺寸单位：cm）

（3）增加桥面现浇层厚度，其加固原理同板梁桥加固。增加梁有效高度和受压截面，增加桥梁横向联系和桥面整体刚度。

3 体外预应力加固法：

（1）当肋梁桥刚度、承载力不足，出现底板开裂、梁体下挠等病害时，可采用增设体外纵向预应力钢束的体外预应力加固。通常纵向预应力束对称布置在每片肋梁的腹板两侧，两端分别锚固于梁端新增锚固装置上，依据内力包络图，在合适的位置通过转向块实现钢束转向。某50m T 梁体外预应力钢束布置如图 8.3.4-3 所示。

（2）体外预应力加固法的设计计算按本指南第 7.5 节进行。

4 改变结构体系加固法：

（1）变简支梁为连续梁的加固原理：通过将相邻两个梁的梁端固结，或在桥跨中间增设支点等措施，使简支梁变成一组连续梁体系。按照连续梁的力学特征，支点处的负弯矩使跨中的正弯矩减小，以及邻跨荷载的相互作用，使桥梁的受力状况得到改善，实现在不增加梁截面的情况下提高承载能力的目的。

（2）增加辅助墩法适用于桥下净空有利用空间的肋梁桥加固。在近桥墩两侧设置墩柱，墩柱顶安装橡胶支座，提供新的支承，使简支梁变为连续梁。这种方法适用于在重荷载作用下出现病害的桥梁，减少跨中弯矩和支承处剪力，改善受力状况。

5 增强桥梁整体性加固法适用于主梁性能良好、横向联系薄弱、整体性差的情况，这种情况可采取加强横向联系、桥面铺装的措施，增强桥梁的整体性和承载力，以达到提高承载能力的目的。加固方法见本指南第 7.7 节。

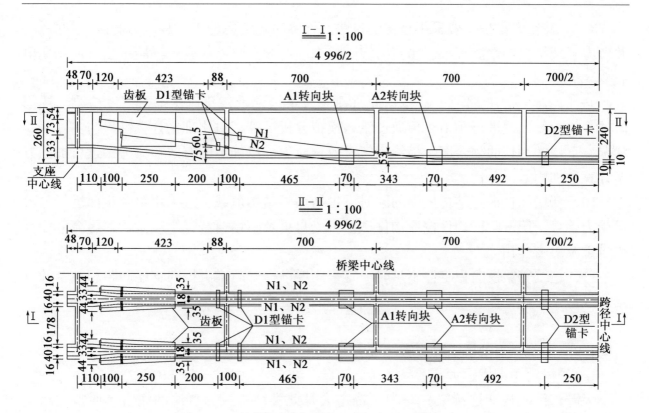

图 8.3.4-3 体外预应力钢束布置示意图（尺寸单位：cm）

8.4 箱梁桥加固

8.4.1 一般规定：

1 中小跨径箱梁桥，主要结构形式为等截面整体现浇连续梁。

2 大跨径箱梁桥结构形式主要包括连续梁、连续刚构和刚构-连续梁组合体系，其施工方法和结构特征类似。

3 箱梁桥加固目的：提高结构关键截面的抗弯、抗剪承载能力；弥补原预应力不足或损失过大，增加受拉区域的压应力储备；控制腹板裂缝的产生和发展，约束跨中下挠发展速度；改善上部结构性能，提高行车舒适性。

4 箱梁桥加固常采用的方法包括粘贴钢板加固法、体外预应力加固法、增大主梁截面法和增加辅助构件加固法，针对加固部位、病害特征可组合使用。

5 加固时须首先对存在的缺陷进行修复，如预应力管道补压浆、裂缝封闭等。

6 当箱梁高度不具备箱内作业条件时，加固措施宜在箱外实施，否则尽可能在箱内实施。

7 箱梁桥加固前需重点对开裂状况、主梁纵桥向线形、预应力孔道压浆和锚固状况等进行检测。依据病害成因分析，结合结构计算分析结果，选用合适的加固方法。加固应根据病害、裂缝、变形的发展状态，确定合理的加固目标，避免多次加固。

8　大跨径箱梁桥一般采用悬臂浇筑法，计算时应考虑施工过程应力和内力的叠加，并考虑开裂结构的性能衰减、预应力实际损失、混凝土收缩徐变、混凝土超方或二期恒载变异的影响。

9　有效预应力的评估，应依据原桥预应力张拉记录、孔道压浆密实度检测、锚固区外观检查等情况进行预估，再通过结构模拟分析试算，对比理论计算结果与实际开裂状况、下挠实测值的吻合度，最终确定有效预应力。以确定的有效预应力，进行加固方案计算和加固效果分析。

10　新增构件提高结构抗力的同时，也增加了结构恒载，宜采用组合截面进行分阶段受力验算，第一阶段构件按原构件截面承受自重及新增荷载，第二阶段为组合截面承受自重及可变作用。

11　连续箱梁横向稳定性不足时，宜采用增设横梁与增大横向支座间距相结合的方法，或增设下部支撑、增设上下部结构连接装置等方法进行加固。

8.4.2　大跨径箱梁桥主要病害特征：

1　箱梁跨中下挠过大：

大跨连续刚构（连续梁）跨中下挠过大是此类结构较为普遍的病害，通常主跨下挠最大。下挠过大常常伴有裂缝产生、开展，结构开裂刚度下降，下挠进一步发展，形成恶性循环。

大跨连续刚构（连续梁）跨中下挠通常与以下因素有关：

（1）为减少恒载内力，降低截面尺寸。箱梁的截面越薄，徐变系数越大，混凝土的应力越高，而徐变变形又与应力成正比。截面尺寸降低时对徐变影响考虑不足。

（2）设计时仅按受拉区混凝土不出现拉应力控制预应力筋数量，未充分考虑负弯矩预应力对控制徐变下挠的有利作用。

（3）早期混凝土弹性模量的增长明显滞后于强度的增长，仅按混凝土强度控制张拉时间，预应力张拉时混凝土模量低，导致预应力损失过大。

（4）施工质量控制不严，导致有效预应力降低及恒载增大。

2　跨中底板、支点顶板横向裂缝：

正截面强度不足，拉应力超限，箱梁在正、负弯矩区横向开裂为结构裂缝，裂缝沿横向通长，严重时延伸至腹板，产生竖向裂缝。

3　顶、底板纵向裂缝：

箱梁顶、底板纵向裂缝，主要表现为沿纵筋或纵向预应力管道的在顶、底板的跨中区域的纵向开裂。

顶板纵向裂缝产生的原因：

（1）车辆轴重荷载产生的横向弯矩过大，使顶板下缘产生纵向裂缝。

（2）顶板偏薄，主梁截面箱宽与翼板宽比例不当。根据箱梁在荷载下的受力分析，横向顶板跨中产生正弯矩，翼板产生负弯矩。

(3) 未设置横向预应力，或横向预应力筋设置不足。

(4) 顶板布置了较多的纵向预应力筋及普通钢筋，实际位置不精确，造成应力分布不均匀，当局部应力过大时引起顶板局部纵向开裂。

底板纵向裂缝产生的原因：

(1) 大跨度预应力混凝土箱梁多采用变截面形式，底板曲线布置预应力钢束使得箱梁底板受到一个径向力的作用，使底板受弯。

(2) 预应力筋集中于底板近腹板处，预应力筋张拉时会产生较大的压应力，左右张拉不同步时，产生压力差。

(3) 施工中，后浇筑梁段横向收缩受已浇筑梁段的约束，底板产生八字形开裂。

4 腹板斜裂缝：

腹板斜裂缝是大跨径箱梁桥最常见的裂缝，发生在剪应力大而截面抗剪能力不足的 $L/8 \sim 3L/8$ 区域，与梁水平面呈 $25° \sim 50°$，裂缝往往以对称分布形式出现。随时间的推移，裂缝数会增加，裂缝区向跨中方向发展。箱内要比箱外腹板斜裂缝严重。

斜裂缝出现的原因包括：

(1) 为方便施工和减小腹板厚度，采用竖向预应力抵抗主拉应力，由于竖向预应力筋长度较短，预应力损失大，有效预应力不易得到保证。

(2) 日照温差，相对厚度较薄的翼缘板随外界气温变化幅度较大，使腹板受弯，内侧产生拉应力，导致主拉应力增大。

(3) 由于采用箱形截面，扭转、翘曲、畸变也会使腹板中的剪应力加大，从而增大主拉应力。

5 跨中梁底崩裂：

箱梁底板混凝土崩裂、掉块。梁底崩裂的原因包括：

(1) 变截面箱梁底板线形采用抛物线变化，跨中位置处的预应力束的等效径向力越大，对底板受力越不利。

(2) 跨中区域加密防崩钢筋的设计不足。

(3) 施工中张拉混凝土强度未达到设计值、钢束定位存在误差、合龙段存在高差，以及底板波纹管支架的混凝土振捣不密实等。

6 锚下开裂：

齿板、锚固块易出现锚下裂缝。齿板锚固面与梁体交接部位开始出现横向受拉裂纹，继而发展成裂缝甚至裂口，最后沿齿板两侧发展成剪切裂缝。病害原因包括：

(1) 锚下应力集中，在齿板部位由于几何构造上的突变、锚具后面的张拉力，以及预应力钢筋局部弯曲径向力导致裂缝产生。

(2) 锚固端混凝土强度不足，锚固间距不符合构造要求等均可能因为过大的压力产生纵向裂缝。

(3) 预应力束布置和齿板构造欠合理，导致锚下和齿板附近局部裂缝。

8.4.3 箱梁桥典型加固方法：

1　体外预应力加固法：

（1）对于大跨薄壁箱梁正截面承载能力不足造成的主梁跨中挠度过大、跨中底板横向开裂、腹板斜向开裂严重等病害，首先考虑体外预应力加固法。体外预应力加固法对其病害的发展控制作用明显，可提高结构刚度和抗裂性能，改善箱梁截面应力分布。

（2）体外预应力加固法整体计算应包括结构持久状况承载能力极限状态计算、持久状况正常使用极限状态计算、持久状况和短暂应力状况应力计算。体外预应力加固法局法部计算主要包括转向构造和锚固区的承载力和抗裂性计算。

（3）体外预应力加固法按下列三类情况设计：全预应力混凝土加固、A类体外预应力混凝土加固、B类体外预应力加固。内力分析时，应采用全截面换算截面几何特性。应力分析时，全预应力构件、A类构件应采用全截面换算截面几何特性，B类构件应采用开裂截面换算截面几何特性。

（4）体外预应力束布置形式需根据结构病害特征和加固目标确定。一般来说，承载能力满足要求，可采用局部短束预应力改善构件的应力状态。承载能力不足，下挠量较大，可采用全跨通长布置的预应力束提高结构承载能力，并改善构件应力状态。

（5）体外预应力束一般布置在箱的内侧，横桥向对称布置。纵向布置应综合考虑内力沿梁长方向变化的纵向受力要求和转向力集中分布的影响。线形尽量与原结构预应力束布置一致，应通过计算确定。多束预应力束宜分批转向，与内力包络相适应。体外束在中墩处尽可能靠近顶板，但穿索孔道需避开中墩横梁的体内横向束。体外束锚固遵循分散、避免集中、靠近腹板等原则。

（6）预应力转向装置通常采用混凝土、钢构件或两种材料组合。体外预应力钢束可用较大的张拉吨位，横肋式转向结构由于联结箱梁顶、底板和腹板成一体，所以能够承受较大的转向力，是目前体外预应力混凝土桥梁中最常用的转向结构。

钢制转向块增加恒载小，但加工要求高，与原结构匹配性差，承载能力取决于原结构的锚固连接情况。

（7）横肋式转向结构的纵桥向厚度至少要大于体外预应力钢束转向器弯道长度，并最好在两端各留有一个直线段。

横肋式转向结构在外观上有多种表现形式，图8.4.3-1所示为较常采用的肋式转向结构形式。图8.4..3-1a）中所示转向结构在转向管道区有一个高度为h的等宽段，在高度h以上转向结构以角度α向腹板靠拢；图8.4.3-1b）中所示转向结构从底板开始以一个固定斜率逐渐向腹板靠近；图8.4.3-1c）中所示转向结构厚度为变厚度，下宽上窄。

当在一个截面上需转向的钢束较多时，可将钢束在竖向作双层布置，如图8.4.3-2所示。

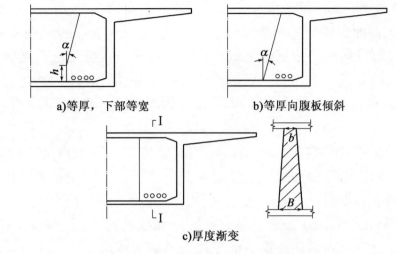

图 8.4.3-1 常用的肋式转向结构形式

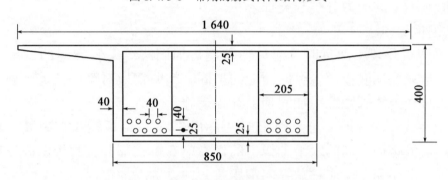

图 8.4.3-2 转向管道双层布置（尺寸单位：cm）

（8）预应力端锚固区一般设置于梁端底板或端横隔梁。锚固于端横隔梁时，应至少容纳一个锚具组件的长度。锚固系统宜采用可更换、可补张锚具。锚固体可采用混凝土齿板、钢锚箱或横隔板锚固。增设齿板（或锚块）和转向板，需用剪力槽配合植筋与原结构混凝土相连，保证受力的整体性。新增混凝土宜采用自密实混凝土浇筑。

（9）为防止桥面行车引起体外钢束过大的震动，应沿纵向设置减震定位装置，间隔宜不大于10m。减震装置由钢板、螺杆和减震橡胶等构件组成，依据设置位置、钢束的形式进行设计。

（10）体外预应力加固过程中应进行实时监测，确保施工过程安全，并掌握加固前后应力、挠度变化值，以评估加固效果。监测内容包括：

①变形监测：确保控制截面在加固施工中的实际状态与预期（理论）状态之间的误差在允许范围内。

②应力监测：确保控制截面应力状态在设计的容许范围内。

2 增大主梁腹板截面法：

（1）对于结构刚度不足、腹板厚度较薄的箱梁，可通过增大截面法增加腹板厚度，提高箱梁的抗剪承载能力和刚度，改善腹板抗裂性能，对抑制下挠也有一定作用。

（2）增大截面加固法可用模筑混凝土、自密实混凝土或喷射混凝土，模筑混凝土采用普通混凝土时厚度应不小于15cm，采用自密实混凝土时厚度应不小于10cm，喷射混凝土厚度不应小于60mm。结合面按5.1节要求进行处理。

（3）箱梁增大截面法通常采用加厚腹板或新增腹板。加厚腹板时新浇混凝土可布置在箱梁原腹板外侧或内侧，依据箱梁截面尺寸和施工条件决定。新增腹板布置在箱室横向跨中处，腹板的上、下端与顶、底板植筋连接，并设置合适的预应力钢束。加厚腹板的纵向设置位置和长度依据计算和腹板病害状况确定，腹板厚度也可采用变厚度设置。

（4）设计时应采取必要措施保证新旧结构的整体性。新旧混凝土收缩不同而导致结构内力重分布，从而引起新旧混凝土结合面拉应力较大，应注意采取相应的措施尽量减少混凝土收缩的不利影响。

（5）腹板加厚后，原结构承受加固前后的恒载或其他作用，而新增部分只需承受加固后的作用。在计算加固后截面受拉或受拉边的应力或应变时，应分阶段计算，考虑应力在新、旧截面上的应力分配与叠加。

3 粘贴钢板加固法：

（1）箱梁腹板开裂不严重时，通过粘贴钢板加固法约束斜裂缝的发展。粘贴钢板加固法也可用于箱梁顶底板产生纵向裂缝的加固。粘贴钢板对箱梁抗剪承载力和刚度的提升有限，通常作为体外预应力加固辅助补强措施。

（2）腹板斜高度较大时，可采用45°斜向粘贴钢板，钢板轴线与裂缝呈基本垂直关系，各斜向钢板沿跨径方向的水平轴线上的投影应有重叠部分；腹板斜高度较小时，可竖直粘贴钢板，上端和下端应粘贴纵向钢压条，并设置附加锚栓。

（3）对于顶板纵向裂缝，可横桥向粘贴钢板，提高顶板横桥向抗弯刚度，控制裂缝开展，提高结构耐久性。

（4）原主梁混凝土强度等级低、密实度差、表面平整度差和混凝土碳化严重时，不宜采用粘贴钢板加固。

4 劲性骨架加固法：

（1）本方法适用于预应力混凝土箱梁桥产生跨中下挠，腹板、底板开裂严重使下挠不收敛的情况。

（2）设置劲性骨架的目的是增大梁体刚度，控制进一步下挠的趋势。单纯的劲性骨架加固并不能改变已发生的变形状况。

（3）劲性骨架法通常采用箱梁内新增波形腹板、桁架腹板等，提高箱梁抗剪和抗弯刚度，与增大截面法相比，增加自重比例低。

（4）采取合理的减载措施，可适当调整桥面线形。

（5）在箱内作业时，受进入箱内作业孔尺寸的限制，劲性骨架需在箱内拼装，增加了施工周期，拼装质量不易控制。

5 改变结构体系加固法：

（1）箱内加固作业空间受限，可考虑通过改变结构体系来改善原有结构的受力状态和控制变形，将原连续梁（或刚构）刚构体系改造为矮塔斜拉体系，达到改善结构内力和提高刚度的目的。

（2）需增加桥塔及相应的基础、斜拉索及梁底托梁。

（3）设计按本指南第7.6.6条进行。

6　预应力管道补压浆：

（1）预应力管道补压浆的目的：防止预应力钢束筋锈蚀，保证预应力混凝土结构或构件的安全寿命；使预应力钢束与混凝土良好结合，符合设计时换算截面的要求；降低预应力钢束无黏结段应力幅，防止发生疲劳破坏。

（2）通气良好的管道可采用电动活塞压浆泵完成补压浆，通气不好、通气量较弱的管道可采用低压人工压浆泵实现补压浆。

（3）在压浆之前，首先采用真空泵抽吸预应力孔道中的空气，然后在孔道的另一端用压浆机将水泥浆压入预应力孔道。由于孔道内只有极少的空气，很难形成气泡，同时，由于孔道与压浆机之间的正负压力差，大大提高了孔道压浆的饱满度。在水泥浆中，减小水灰比，添加专用的添加剂，提高水泥浆的流动度，减小水泥浆的收缩。

9 拱式桥上部结构加固

9.1 一般规定

9.1.1 常见拱桥上部结构均为无铰拱，属超静定结构体系。不平衡水平、竖向荷载，温度变化，基础的不均匀沉降等均会使主拱圈产生较大的次内力。

9.1.2 拱式桥检算分析应基于桥梁材质状况、几何线形的检测成果。拱轴线以实测线形为计算拱轴线，直接测量拱轴线形难度大，通常以实测拱腹线反推拱轴线。

9.1.3 加固设计中，当拱上建筑为超静定结构时，可适当考虑与主拱圈的联合作用，连拱桥根据桥墩的刚度情况，确定是否需考虑连拱效应。

9.1.4 设计计算应考虑各施工阶段主拱圈的承载力、刚度和稳定性。大跨径拱桥加固宜进行施工阶段风险评估，拱桥加固中涉及拱上建筑拆除时应编制专项施工组织方案与安全事故预防预案。

9.1.5 拱上建筑拆除或加载，应遵循对称、均衡、同步的原则，设计应明确逐级拆除的顺序、拆除量、加载顺序和加载量。避免不平衡推力造成拱圈变形或破坏，墩台失稳。

9.1.6 大跨径拱桥加固施工时应进行施工监控。拱圈变形监测点根据拱桥的结构形式、变形发生的概率，一般不应少于 5 个控制截面，必要时加密。应力测点为参考测点，设置在拱圈内力响应最大截面。对于连拱桥，还应对相邻孔拱圈、桥墩变位进行监测。

9.1.7 拱桥上部结构加固方案恒载增加较大时，须对基础的承载能力、稳定性进行验算。

9.1.8 对于拱桥墩台基础不均匀沉降、水平变位或转角变位引起的拱桥上部结构病害，须先加固墩台基础，消除变位产生的因素，再进行上部结构的加固。

9.1.9 拱桥结构加固前应对混凝土裂缝、混凝土破损、钢管混凝土脱空等病害进行处治。

9.1.10 对于严重的拱圈变形，特别是出现拱轴线的非对称变形，加固时须分析拱圈变形的产生原因和发展状况，因基础变位时，可考虑拆除方案。

9.1.11 对具有历史文物价值的圬工拱桥，按国家有关文物保护的要求实施维修加固，修旧如旧。

9.2 圬工拱桥加固

9.2.1 圬工拱桥常见的病害为拱圈开裂、拱圈变形、砂浆脱落、砌石掉块、砌石表面风化、拱上侧墙外鼓、开裂及渗漏水等。

1 拱圈开裂：

拱圈开裂主要包括横向和纵向裂缝。

（1）横向开裂的产生原因：

①中小跨径圬工拱桥，通常采用满堂支架施工，施工中支架沉降变形，产生拱顶下缘横向裂缝。

②使用中拱脚产生水平位移，产生拱顶下缘横向裂缝。

③拱轴线变形不合理，荷载作用下，弯矩过大，截面的上缘或下缘产生拉应力，从而产生横向裂缝。

（2）纵向开裂的产生原因：

①墩台不均匀沉降，墩、台身开裂，延伸至主拱圈的纵向裂缝。

②现浇混凝土拱圈，横向收缩，产生纵向开裂。

③拱上侧墙外鼓，拱圈砌筑质量较差时，侧墙带动拱圈向外位移，在侧墙底部对应位置产生纵向开裂。

2 拱圈变形：

拱圈变形有施工阶段偏差、变形和运营阶段不可恢复变形。

（1）施工阶段：

①施工放样误差，造成主拱圈拱轴线形产生永久性变形。

②主拱圈支架刚度不足或对支架预压不充分，导致拱圈永久变形等。

（2）运营阶段：

①砌缝砂浆脱落、砌石掉块，拱圈压缩量增加，产生拱圈变形。

②荷载作用下，拱圈强度不足，开裂及裂缝宽度的扩展使刚度下降，产生不可恢复的永久性变形。

③墩台基础不均匀沉降产生次内力，基础水平滑移导致的拱顶下沉或上拱等，使拱圈变形。

3 拱上侧墙外鼓、开裂或脱离主拱圈：

（1）拱上侧墙高度较大时，填料产生的土侧压力作用使侧墙外鼓。

（2）大吨位超限车辆荷载，增大拱上填料对侧墙的横向推力。

（3）填料遇水膨胀或冻胀，使侧墙外鼓；侧墙外鼓变形较大时，产生开裂，拱圈与侧墙之间黏结强度不足时产生位移，与拱圈脱离；黏结强度较好时，拱圈产生局部纵向开裂。

4 拱圈渗水：桥面防、排水系统破坏或设置不合理；沉降缝、变形缝防水破坏。

5 砂浆脱落、砌石掉块、表面风化：与施工砌筑质量不良、砂浆强度低、砌缝砂浆不饱满、砌体材料自身缺陷有关。

9.2.2 圬工拱桥加固的主要方法包括：

1 增大截面法，包括拱腹套拱、拱背背拱。

2 调整拱上建筑恒载法，包括填料更换、改拱式腹孔为梁板腹孔。

3 增强整体性法，改变桥面结构。

9.2.3 圬工砌体上植筋，按定位钢筋或钢筋网悬挂件考虑，不计其抗剪作用。

9.2.4 增大拱圈截面加固法：

1 拱腹套拱：

（1）适用于主拱圈承载能力不足、拱圈产生横向开裂、拱轴线变形等中小跨径的板拱桥加固，且在桥下施工，影响运营的时间少。

（2）跨径大于40m、矢跨比小于1/8或桥下行洪断面严重不足时，不宜采用拱腹套拱加固法。

（3）在原拱圈下新增拱圈，新旧拱圈形成组合截面，原拱圈在活载作用下产生变形，新拱圈通过与原拱圈的协调变形、共同作用来承担后期荷载。

（4）新增截面增大了拱圈截面面积，刚度增加，原拱圈的应力分布得到改善。

（5）新增截面承载力计算应考虑分阶段受力特点。结构恒载产生的内力由原截面承担，且只计竖向作用力的影响。活载内力及温度、拱脚变位次内力由加固后的组合截面承担。加固前后应由原结构及新结构的应力强度来控制，加固后的极限承载能力取决于新增截面的竖向抗弯刚度和结合面的连接状况。

（6）新增截面可采用板式截面或肋式截面。板式截面主要用于跨径较小、矢跨比较大的陡拱和拱圈表面风化严重的情况。肋式截面主要用于跨径较大、矢跨比较小的坦拱。

（7）为方便施工，板式套拱截面的高度不宜小于25cm，板与原拱圈同宽。当原拱圈伴有纵向开裂时，板的设计宽度大于原拱圈宽度，并在原拱圈侧设置挡块，约束横向变形。

（8）肋式截面的高度不宜小于30cm，单肋宽度与原拱圈宽度、肋数有关，通常设置 3 道或 5 道拱肋。各拱肋间设置横向联系，横向联系不少于 3 道。

（9）新增截面后拱圈结构的最大和最小控制弯矩均增大，且随着拱圈加固厚度的增大，控制弯矩值均呈增大的趋势，须控制新增截面的最大厚度。

（10）新增截面在拱脚处的起拱面与原起拱面相同，在拱脚处设置外悬牛腿形成拱座。当墩台身也采用混凝土外包时，以外包截面形成拱座。

（11）结合面按本指南第 5.1 节执行，原拱圈须植入钢筋，植筋按构造设置，计算时不计其抗剪、抗拔作用。植筋位置距离灰缝或拱圈结构边缘不得小于 100mm。

2 拱背背拱：

（1）适应于原主拱圈承载能力不足、拱上建筑需拆除改建或空腹式拱拱顶正弯矩较大时的内力调整。在拱背上施工，不用搭设支架，新老混凝土的结合较好。

（2）拱上建筑全部拆除时，在拱背上新浇混凝土拱圈；原拱圈基本完好时，可按新老拱圈形成的组合截面共同参与工作考虑；当原拱圈开裂、缺损严重时，原拱圈仅当拱架考虑，加固时不计其参与工作。拱背背拱应注意以下问题：

①原桥拱上建筑拆除时，须满足同步对称的原则。

②由于新拱圈厚度的影响，拱顶填料厚度受限，在满足最小厚度要求时，尽量控制桥面高程的变化。

③新拱圈的拱轴线形、矢跨比受原拱圈限制，优化的范围不大，拱圈高度依据原拱圈参与工作状况计算确定。

④新建上部结构的恒载须适当调整，以使主拱圈的控制截面弯矩最小。

（3）对于空腹式拱，在空腹段的拱背现浇钢筋混凝土增大拱脚区段截面，使拱圈具有变截面无铰拱的特性。与等截面无铰拱相比，变截面无铰拱拱脚的负弯矩随拱脚刚度的增加而增大，对拱顶的正弯矩有"卸载"的作用，拱脚刚度越大，拱顶的正弯距越小。条件允许时，在空腹段也可采用钢筋混凝土环向套箍封闭的增大截面法加固主拱圈。拱脚区段局部背拱应注意以下问题：

①现浇层从拱脚向跨中方向由厚变薄，最大厚度按计算确定，最小厚度满足构造要求，不小于 15cm。

②现浇层钢筋布置于上侧，纵向钢筋为受力钢筋，与拱座处的植筋焊接连接，横向钢筋为分布钢筋，布置于纵向钢筋下侧。

③新旧结合面的处理满足本指南第 5.1 节的要求，并在拱背按构造要求植入钢筋。

④混凝土浇筑由两拱脚向跨中对称、平衡、同步浇筑。

9.2.5 调整拱上建筑恒载法：

1 在圬工拱桥中，拱上建筑自重较大，恒载占比较大，通过改变拱上建筑结构形式和传力模式，降低拱圈的恒载内力，最终达到加固增强的目的。

2 实腹式拱桥：

中小跨径的石拱桥以实腹式石拱桥为主，拱上建筑由侧墙和填料组成，自重大。当拱圈承载能力和基础承载能力不足时，可采用较为轻型的拱上建筑代替原拱上建筑，减轻原桥恒载，主要方法有：

（1）改实腹式拱为梁板式空腹拱，先卸载，可结合拱上背拱的加固方案，后加载。

（2）采用钢筋混凝土侧墙，宜根据计算减小侧墙截面尺寸，或采用轻质材料换填拱上填料。

3 空腹式拱桥：

（1）对于具有拱式拱上建筑的石拱桥，为了减轻上部结构的自重，改为梁式腹孔。

（2）原圬工腹孔墙式墩改为钢筋混凝土柱式墩。

（3）实腹段采用轻质材料换填拱上填料。

9.2.6 改变桥面结构：

1 圬工拱桥的桥面铺装通常为沥青混凝土，改造为钢筋混凝土桥面铺装的技术优势包括：

（1）桥面刚度提高，车轮荷载的扩散作用增强，降低车辆荷载产生的侧压力，改善车辆荷载在拱圈上的分配。

（2）提高桥梁横向整体性和耐久性。

（3）提高桥面防、排水性能。

2 钢筋混凝土桥面铺装的构造设计见本指南第6.1节。

9.2.7 侧墙外倾开裂变形处置：

1 轻度开裂与外倾，且处于稳定状态时，可采用灌浆勾缝处理。

2 侧墙高度较高，产生外倾、开裂病害，且处于发展状态时，采用对拉锚杆进行加固。

（1）在侧墙处横向钻孔，布置预应力钢束（筋）锚杆，侧墙外增设混凝土框格梁，锚具布置于框格梁交点处。

（2）填料在运营阶段已基本固结稳定，土侧压力按静止土侧压力计算。土侧压力分为填料引起的土侧压力和汽车荷载引起的土侧压力两部分，其中汽车荷载引起的土侧压力按汽车轮重换算为等重均布土层来计算。

（3）填料的土压力将由预应力锚杆平衡。每层锚杆的张拉控制力，按单根锚杆分担1/2上下左右相邻锚杆间距所构成矩形区域内的土压力计。锚杆采用等间距布置时，每层锚杆的张拉控制力不同，为使张拉控制力基本相同，在竖向可采用下密上疏的布置方式。

（4）为便于施工，预应力锚杆通常采用高强精轧螺纹粗钢筋及对应锚具。为满足局部承压的要求，需设置锚垫、锚下螺旋筋。锚头采用内置式，以便于防护。预应力筋张拉完毕应进行孔道灌浆，避免预应力筋腐蚀。

（5）钢筋混凝土框架为预应力锚杆的支承结构，框架梁采用矩形截面。计算时将锚杆等效为支座，每一排框架梁简化为支撑于锚杆上的连续梁。

（6）为了施工方便，各截面采用统一的配筋形式，箍筋采用闭合与不闭合两种形式交替布置，不闭合箍筋作为植筋植入墙体以使框架与侧墙形成整体。

3 对于侧墙的严重外鼓、开裂、破损，应考虑拆除新建。

9.3 钢筋混凝土拱桥加固

9.3.1 一般规定：

1 钢筋混凝土构件存在的表层缺陷，维修方法见本指南第5.4节。

2 钢筋混凝土的板拱加固方法同圬工拱桥的加固方法。采用拱腹套拱或拱背背拱时，原拱圈植筋除考虑钢筋定位功能外，还须考虑其抗剪作用。

3 钢筋混凝土拱桥适应跨径大，拱上建筑通常为空腹式；当拱上建筑存在缺陷或调整恒载集度时，改造方法包括：

（1）实腹段填料换填。

（2）改拱式腹孔为梁式腹孔或刚架腹孔结构。

（3）改墙式腹孔墩为柱式腹孔墩。

（4）刚架拱桥的少筋微弯板加固更换。

4 钢筋混凝土拱桥主拱圈采用多肋式结构，为避免出现单肋受力，增强整体性的方法包括：

（1）柔性桥面系改造为刚性桥面系。

（2）加大原横系梁或横隔板截面。

（3）增设横系梁或横隔板。

5 钢筋混凝土主拱圈加固宜优先采用增大截面法。

9.3.2 主拱圈加固：

1 双曲拱桥加固的常用方法包括：

（1）拱肋加大截面、主拱肋与拱波加大截面、拱脚区段拱背加大截面、主拱圈增设底板。

（2）增强整体性加固法。

（3）拱上建筑改造。

2 肋拱桥加固的常用方法包括：

（1）拱肋外包混凝土加大截面、拱肋箱形截面转换、局部粘贴钢板。

（2）增强整体性加固法。

3 箱拱桥加固的常用方法包括：

（1）拱圈拱脚区段拱背加大截面、增加箱室数量。

（2）拱上建筑改造法（改拱式腹孔为梁板式、填料换填）。

（3）增强整体性加固法（拱圈横向封闭钢箍、横向粘贴钢板、横向预应力）。

4 刚架拱桥加固的常用方法包括：

（1）主拱腿增大截面法。

（2）微弯板更换为整体式桥面板。
（3）弦杆粘贴钢板或体外预应力加固，节点粘贴钢板加固。
（4）增设拱片加固法。
（5）增强横向联系加固法。

9.3.3 计算要点：

1　拱上填料对主拱圈计算的影响：

（1）拱上填料传递车辆荷载至主拱圈，主拱圈与填料间只传递竖向受压荷载，不考虑填料与主拱圈共同作用，模拟方法是在主拱圈梁单元节点与填料板单元节点间采用竖向只受压连杆连接。

（2）拱上填料可减缓车轮动荷载对拱圈的冲击影响，填料厚度大于或等于50cm时不计冲击力。

2　结构计算模型：

（1）钢筋混凝土拱桥，在不考虑与拱上建筑的联合作用时，可仅对主拱圈建立有限元模型，进行计算分析，拱上建筑的自重仅作为恒载计。

（2）考虑拱上建筑的联合作用时，实腹段及腹拱上方的填料不承受弯矩，这部分可以简化为两端与桥面及主拱圈铰接的杆单元。拱上建筑中立墙具有较大的刚度，简化为和主拱圈刚性连接的梁单元。

（3）依据钢筋混凝土拱桥构造特点，通常采用的模型包括：

①单梁有限元模型方法。单梁有限元模型需把几种材料组成的截面换算成同一种材料的截面，同时使截面的力学特征保持不变，即抗弯刚度、抗拉（压）刚度相等。

②整体梁格模型和分离梁格有限元模型方法。梁格法是将主拱圈结构用一个等效梁格来模拟，将分散在板或梁的每一区段内的抗弯刚度和抗扭刚度集中于邻近的等效梁格内，实际结构的纵向刚度集中于纵向梁格构件内，横向刚度则集中于横向梁格构件内。整体式模型是把主拱圈各构件看作一个整体的梁板式构件，采用梁格法建模。分离式模型是把组成主拱圈（如拱肋、拱板和横隔板）各构件分开考虑，拱肋和横隔板用空间梁单元，拱板用梁格法建模，拱肋和拱板之间用刚臂单元联结。

③考虑损伤的有限元模型方法。主拱圈截面横向全截面开裂，可将原拱桥计算模型处理为铰接和半铰接半固接；开裂未贯通处的弹性模量降低或截面高度减少。主拱圈横向联系开裂时，各片拱肋的横向联系按铰接考虑。

（4）结构计算模型的修正：当桥梁有动荷载试验或静荷载试验成果时，结合试验成果对钢筋混凝土拱桥的有限元模型进行修正，调整材料弹性模量、截面刚度参数的取值和边界约束刚度，将理论模型计算结果与实测结果比较，对模型进行修正，使计算模型接近实际情况。

3　加固后的拱圈应力分析：新增截面属于二次受力结构，原拱圈应变优先于新增拱圈应变，新拱圈应变值始终小于原拱圈应变值；在恒载作用下，原拱圈应力、应变分布趋势满足平截面假定；在恒载和活载作用下，原拱圈与新增加固层有效黏结在一起，共同受力，协调变形，其组合截面应力、应变分布趋势满足平截面假定。

9.3.4 施工要点：

1 增大截面加固施工阶段，新增混凝土按一期恒载考虑，为避免出现不平衡推力，须制定合理的加固施工工序，使新增混凝土产生的附加影响最小。

2 混凝土的浇筑尽可能在满堂支架上完成，混凝土的湿重由支架承受。对于大跨径拱桥，支架须预压处理，消除非弹性变形的影响，混凝土边浇筑边卸载，消除弹性变形的影响。

3 不具备搭设满堂支架条件时，可采用吊架逐阶段施工。采用吊架法施工时，混凝土每阶段的浇筑位置、数量须计算确定，应满足原拱圈控制截面变形最小、应力不超限的条件。

9.4 钢管混凝土拱桥加固

9.4.1 一般规定：

1 钢管拱肋及钢构件的表面缺陷维修应满足本指南第 5.5 节的要求。

2 钢管混凝土拱桥的钢筋混凝土结构表面缺陷维修应满足本指南第 5.4 节的要求。

3 配筋混凝土行车道板、吊杆横梁等受弯构件的加固，可采用增大截面加固法、粘贴钢板或纤维材料加固法、体外预应力加固法、改变结构体系加固法、增强横向联系等一种或几种方法组合。

9.4.2 钢管混凝土拱肋，逐节段连接形成，体系转换多，分期形成受力截面，初应力高；拱肋为曲线形，混凝土易形成脱空；拱肋逐段焊接拼装，接头焊接质量、拱轴线形控制难；吊索易锈蚀，发生锈蚀疲劳破坏。

9.4.3 主要病害特征：

1 拱轴线偏离：

钢管混凝土拱肋在施工阶段、成桥阶段和运营阶段，均可能发生拱轴线偏离设计拱轴线的情况。拱轴线偏离包括竖向（拱肋面内）偏离和横向（拱肋面外）偏离。

拱轴线面内偏离，对拱圈的内力和稳定性产生影响；在拱顶截面向上或向下偏离时，拱中恒载水平推力随之增大或减小。

拱轴线面外偏离，超出规范限值时，拱肋轴力、弯矩、挠度等的变化最大不应超过 5%，可以认为拱轴线横向偏离对拱肋正常使用状态基本没有影响。

2 拱肋错台与局部变形：

钢管在下料、制作中存在误差，误差的存在导致节段拼装产生错台与局部变形；钢管节段焊接时产生焊接变形。

3 管内混凝土的主要缺陷：

（1）混凝土径向脱空、混凝土与管壁黏结不良。

（2）混凝土孔洞、离析、疏松。

在对已建钢管混凝土拱桥的检测中，钢管混凝土拱桥的混凝土脱空现象较为普遍。

4 吊杆防护损坏、吊杆锈蚀：

吊杆防护层老化、开裂，锚头防护罩内积水、黄油变质等。

吊杆防护损坏，潮湿空气进入，吊杆锈蚀，锈坑处应力集中。吊杆的破坏很大程度上是由交变荷载引起的疲劳损伤和锈蚀共同作用产生的。

5 耐久性差：

钢管混凝土拱桥耐久性差主要表现在以下方面：

（1）钢管拱肋涂装使用寿命短。

（2）吊杆防护易老化、锚头易锈蚀。

（3）早期多数的中下承式钢管混凝土拱桥，横梁间采用小T形梁为行车道系，小T形梁截面尺寸小，保护层不足，桥面横缝较多，易渗漏水。同时，空间整体性较差、刚度小，在车辆和地震作用下的变形和振动较大。

9.4.4 钢管混凝土拱肋加固：

1 钢管混凝土拱肋存在缺陷时，可采用二次灌浆法、外加套环法、外包混凝土法、增设套拱法加固，以改善原有状态。

2 采用二次灌浆法是目前处理钢管混凝土拱桥管内混凝土脱空的主要手段，灌浆步骤如下：

（1）确定脱空位置和范围。

（2）在混凝土脱空区对钢管钻孔开口，根据脱空范围布置至少两个开口，在低侧开口压入高强度水泥浆或聚合物砂浆填充空隙，直至高侧开口出浆。

（3）焊接钢板封闭开口。

3 拱肋错台、局部变形或承载能力不足时，可采用外加套箍法、外包混凝土加固法：

（1）外加套箍法是用两个半径稍大的半圆钢管套在原钢管外，焊接纵缝后，在管内缝隙处灌注自密实补偿收缩混凝土。外加套箍法通常用于拱肋局部加固，适应于单圆管拱肋。

（2）外包混凝土加固法是在原拱肋上焊接抗剪钢筋，然后立模板浇筑混凝土，可用于拱肋的局部或全部加固，适应于拱肋横截面较复杂的情况。

9.4.5 吊杆防护产生少量、局部缺陷时，对吊杆防护破损应及时进行修复，可采用热融法修复破损PE，或采用PVF缠带进行缠裹等。

9.4.6 吊杆的更换：

1 更换条件：

（1）吊杆结构设计不合理时，若采用水泥浆防护、夹片锚具等，吊杆须全部更换。

（2）当吊杆防护破坏，吊杆、锚具产生锈蚀，并达到使用寿命时，吊杆应全部更换。

（3）部分吊杆防护破坏，修复困难，吊杆、锚具锈蚀风险增加，尚未达到使用寿命时，可仅更换缺陷吊杆。

（4）短吊杆存在不可修复的缺陷时，应立即更换。

（5）锚杆内螺纹削弱，导致承载力不能满足设计要求时，仅更换缺陷吊杆。

2 吊杆的更换应满足下列要求：

（1）吊杆更换前后，应保持桥梁结构的线形和内力变化最小，桥面线形基本一致。

（2）吊杆更换施工过程中，必须严格保证桥梁的结构安全性，杜绝对原构件造成不必要的或过度的损伤。

（3）吊杆应采用平行钢丝成品索或钢绞线成品索，钢丝或钢绞线应采用环氧喷涂、环氧填充或镀锌的防腐处理。吊索应设置耐候性的防护外套。

（4）最短吊杆的自由长度不能满足纵向位移要求时，应采用限制短吊索横梁纵向位移、横梁与桥面梁（板）间设置滑板支座、增加索体锚固端自由转动幅度等措施。

3 吊杆更换施工时应进行施工监控。

10 支座更换

10.1 一般规定

10.1.1 本节适用于跨径 50m 以内简支、连续体系梁、板桥的板式橡胶支座、弧形钢板支座、混凝土摆柱支座的更换，对于 60m 以上大跨径连续梁或连续刚构桥的盆式支座更换，需根据桥梁结构的具体情况，制订专项方案。

10.1.2 支座出现下列情况之一时，应予以更换：
（1）支座的固定锚栓剪断并造成其他构件出现病害；轴承有裂纹或切口，辊轴大小不合适；混凝土摆柱出现严重开裂、歪斜等。
（2）支座上下钢板翘起、断裂。
（3）板式橡胶支座出现严重不均匀压缩变形，或发生过大的剪切变形、加劲钢板外露或脱胶、橡胶开裂、老化变质。
（4）橡胶隔震类支座橡胶本体被撕裂。
（5）小跨径桥梁油毡支座的油毡垫层损坏、掉落、老化。
（6）支座滑动面磨损严重，或造成其他构件出现病害。
（7）钢支座主要受力部件出现脱焊，钢部件磨损出现陷凹，或出现较大裂缝、牙板折断或辊轴连杆螺丝剪断、支座卡死等。
（8）支座存在其他影响桥梁正常运营或结构受力安全的病害。

10.1.3 支座更换时，应对相应的支座垫石和梁底承压面的高程和平整度进行检查，并根据需要进行调整和处理，确保更换后的支座受力均匀。

10.1.4 原桥的支座类型非板式橡胶支座时，应按更换为板式橡胶支座设计，并根据实际情况，对支座垫石进行相应改造。

10.1.5 超静定结构桥梁支座脱空或压溃时，应根据支点处的沉降量，评估沉降产生的次内力对上部结构的影响。

10.1.6 支座更换宜在封闭交通情况下进行；当封闭交通困难时，应采取适当的交通管制措施；当桥梁具有以下特征之一时，支座更换必须封闭交通。

(1) 弯桥：单跨圆心角 α≥20°或一联多跨圆心角 α≥45°或桥轴线半径≤500m。
(2) 坡桥：纵坡 i≥2%或横坡 j≥4%。
(3) 斜桥：斜交角 θ≥20°。

10.2 技术要求

10.2.1 支座更换顶升方案设计应查阅桥梁原设计、施工、运营期间养护管理等资料，并结合现场调查的实际条件，充分考虑原结构受力和变形特性。

10.2.2 根据支座的构造形式、支座更换的方便性，确定主梁的顶升高度。

10.2.3 根据上部结构的形式，计算确定相邻墩、相邻支点的顶升位移偏差允许值。

10.2.4 支座的顶升力按式（10.2.4）确定：
$$F = 1.5（R_{DL} + R_{LL}）\tag{10.2.4}$$
式中：F——单个支座顶升力（kN）；
　　　R_{DL}——单个支座恒载反力（kN）；
　　　R_{LL}——单个支座活载反力（kN）（仅在不中断交通时采用）。

10.2.5 采用落地支架顶升时，支架的强度、刚度、稳定性以及基础的承载能力须进行计算，顶升高度应考虑支架的弹性和非弹性变形量。

10.2.6 采用千斤顶置于墩台帽顶顶升时，对应位置的梁（板）底和墩台帽顶按现行《公路钢筋混凝土及预应力混凝土桥涵设计规范》（JTG 3362）的规定进行局部承压验算。

10.2.7 支座更换设计应包括上部结构顶升作业程序、支座更换的实施步骤、顶升监控系统设计等内容。

10.2.8 上部结构爬移，伸缩缝缝宽异常时，在支座更换中应考虑主梁复位。

10.2.9 桥梁支座更换时应充分考虑病害发展及使用年限，宜将同一墩台上的同一排支座全部更换。

10.2.10 支座更换时，顶升位置、顺序和支座顶升量应通过计算确定。

10.2.11 当设置临时支撑结构顶升更换支座时，应对其强度、变形和稳定性进行验算。设置钢抱箍等措施进行顶升时，宜按永久构造进行设计和验算。

10.2.12 高地震烈度区桥梁，更换支座应考虑抗震设防要求。

10.3 监测要求

10.3.1 支座更换各类监控传感器应独立安装固定，且不影响施工作业。

10.3.2 监控系统用的位移传感器应在每次使用前全数进行计量标定，其示值误差不超过2%，分辨率应不低于0.05mm，其最大量程应满足顶升高度要求。

10.3.3 顶升监控系统用的应变传感器应在使用前全数进行计量标定，其示值误差不低于1%，应变传感器的标距不低于250mm，示值分辨率应不低于1$\mu\varepsilon$。

11 下部结构及基础加固

11.1 一般规定

11.1.1 桥梁下部结构须满足强度、刚度、稳定性及耐久性的要求，加固前依据下部结构的病害表征，掌握下部结构病害成因。

11.1.2 桥梁下部结构病害产生的主要原因包括：
1 上部结构的反力作用异常，与理论值偏差较大。
2 地基的承载能力不足，使基础变位、不均匀沉降。
3 水流冲刷使河床下切严重或局部掏空。
4 漂流物或车、船撞击。
5 作用在墩台身的不平衡荷载。
6 水流冲蚀、冻融产生的表面缺损。

11.1.3 桥梁下部结构加固受桥下净空高度、桥下河流或被交道路、铁路等因素的影响，应充分考虑加固设计方案、施工方案的可行性。

11.1.4 下部结构的基础部分为隐蔽结构，对其检查、检测及病害预判分析是下部结构加固的重点和难点。

11.1.5 水中下部结构应考虑水位变化、水流流速的影响，分析加固后对水流方向的变化及对河床冲刷的影响，必要时综合考虑设置必要的调治构造物。

11.1.6 河床的防护和疏浚是保证基础安全的有效手段。

11.1.7 应保证上部结构在施工过程的稳定性，必要时应增加临时措施，并进行沉降、位移等主要指标的监测。

11.1.8 承台加固基坑开挖深度以及土坡稳定性应符合相关规范要求，否则应采取加固或支护措施。

11.1.9 水中承台加固应考虑承台尺寸、埋深、损坏位置、水流流速、桥下净空、航道等因素，确保施工安全。水中承台宜采用围堰施工。

11.1.10 下部结构加固宜在其结构表层裂缝、缺陷等病害处理后进行构件主体加固。

11.1.11 因基础不均匀沉降引起的墩台开裂，应先处治基础病害。

11.1.12 水位变动区承台、桩基等加固应根据病害类型、环境类别明确工艺措施和材料性能指标。

11.1.13 墩台受冲击损伤，应经论证或采取必要措施，确保安全后再移除撞击物，经全面检测后根据损伤程度进行加固。

11.1.14 对可能被撞击且未设置防撞设施的桥梁，应按类别进行防撞验算并增设完善的防撞保护装置。

11.1.15 墩台受堆载偏压或侧压损伤，宜首先采用卸载沟、应力释放孔等措施卸载水平推力，再进行加固。

11.2 桥墩加固

11.2.1 一般规定：
1 桥墩不能满足承载能力要求或出现开裂、倾斜等危害桥梁结构安全的病害时，需对桥墩进行加固处理。
2 常见桥梁的桥墩由盖梁、墩身、系梁（承台）和基础组成；采用重力式墩时，由墩帽、墩身和基础组成；独柱墩顶设置单支座或墩梁固结时，无盖梁设置，梁内横隔板通常称为暗盖梁。
3 桥墩盖梁为受弯构件，墩身为偏心受压构件，构件工作状态不同，病害产生机理不同。

11.2.2 盖梁出现下列病害时，应及时维修加固：
1 钢筋混凝土盖梁抗弯、抗剪承载能力不满足上部结构的反力效应，产生超限竖向或斜向开裂，需进行加固。
2 基础不均匀沉降等导致出现结构性裂缝，先对基础沉降进行控制，再对盖梁进行加固。
3 由于上部结构（尤其是伸缩缝处）渗水侵蚀使盖梁钢筋锈胀、混凝土剥落等病害，需进行维修或加固。

4 上部结构恒载变异或上部结构荷载等级提高后，须对盖梁的控制截面的正截面强度、斜截面强度和抗裂性进行检算，确定是否需加固。

11.2.3 盖梁加固方法：

1 盖梁常用的加固方法包括增大截面和配筋法加固、粘贴钢板加固、体外预应力加固、改变结构体系加固、外包钢加固。

2 盖梁主要承受上部结构的恒载，抗弯刚度大，加固时卸载困难，采用被动加固方式提高承载能力有限，应采用主动加固技术。

3 采用增大截面和配筋法加固、粘贴钢板加固时，应满足本指南第7.2节、第7.3节的要求。

4 采用体外预应力加固时，应满足本指南第7.2节、第7.5节的要求。

5 增大墩身横向尺寸，减小盖梁跨径或悬臂长度。

6 简支体系受伸缩缝渗漏水的影响时，采用粘贴钢板加固、外包钢加固法对钢材防护要求高。

11.2.4 盖梁加固的计算：

1 对于一般柱式墩盖梁，几何外形简单，以弯矩、剪力为主，可模拟为平面杆单元；异形盖梁宜按空间体单元计算。

2 采用平面杆单元简化模式简单实用，盖梁的刚度与柱的刚度之比大于10时，可忽略桩柱对盖梁的弹性约束作用，把盖梁简化成简支（双悬臂简支）或连续梁的形式。计算时应对柱顶截面弯矩进行适当的削峰处理。

3 建立盖梁与墩柱整体图式法是计算最为准确的平面简化计算方法，计算模型与实际结构相符，在评估盖梁加固前、后承载能力时推荐首先采用。

4 盖梁截面尺寸、混凝土强度以实测为准，材料折减系数、结构检算系数依据现场检测情况取值。

11.2.5 圬工重力式墩墩身常见病害：

1 墩身竖向裂缝与基础横向不均匀沉降有关，若裂缝由下而上，表明基础中部的沉降大于两侧；若裂缝由上而下，表明基础两侧的沉降大于中部。

2 墩身单侧水平裂缝，对设双排支座的梁式桥，特定的作用工况下（如超重车过桥）产生两排支座的反力差过大，产生偏心弯矩；对拱式桥，相邻两跨的拱脚产生不平衡水平力；桥墩两侧出现不平衡土压力，如单侧填方增加或单侧开挖等。

3 墩身表面网裂与片石混凝土收缩、温度变化有关。

4 墩身表面风化、砌缝砂浆脱落与砌筑材料特性有关，砌石风化后表面强度较低，砌缝中砂浆的黏结力降低，产生脱落。

5 墩身表面剥落、露骨、起酥，主要出现在墩身干湿交替处，与水流的冲刷、冻融有关。

11.2.6 圬工重力式墩墩身加固方法：

1 墩身竖向开裂，若是基础横向不均匀沉降引起，不能证明沉降已稳定，应先加固地基。地基处理后，可采用下列方法约束裂缝宽度的发展：

（1）沿墩身高度方向，按一定间距设置若干道封闭钢筋混凝土圈梁。

（2）沿墩身高度方向，按一定间距设置若干道封闭型钢箍。

（3）局部或全部外包钢筋混凝土加大墩身截面。

2 对墩身水平裂缝处理前，须先消除墩身不平衡水平推力或土压力。处理后，可采用下列方法对开裂截面进行补强：

（1）开裂侧粘贴竖向钢板。

（2）局部或全部外包钢筋混凝土加大墩身截面。

3 对大面积网裂、表面风化、混凝土表面缺陷等病害，按本指南第5.3节的要求进行修复。

11.2.7 钢筋混凝土墩墩身常见病害：

1 墩身水平裂缝是墩身承受较大弯矩所致，属于严重病害，产生的原因有：相邻两孔上部结构反力差较大，受拉侧产生横桥向开裂；独柱固结墩在荷载偏心或上部结构受扭时，受拉侧产生纵桥向开裂；墩身两侧（顺桥向、横桥向）土压力不平衡。

2 墩身倾斜属于严重病害，产生的原因有：施工时放样、控制偏差；基础发生了水平位移或转角位移，如基础单侧挤压，相邻两跨上部结构的反力不平衡，车、船撞击；墩身两侧（顺桥向、横桥向）土压力不平衡；上部结构纵向或横向产生不可恢复的变位。

3 墩身竖向裂缝易出现在矩形截面薄壁墩长边的中心处，裂缝起始于与承台相接处，向上延伸，产生的主要原因为薄壁墩混凝土收缩受到承台混凝土的约束，因龄期差产生收缩裂缝。

4 墩身表面出现钢筋混凝土构件的常见病害，如网裂、剥落、磨损等表面缺陷。

11.2.8 钢筋混凝土墩墩身加固方法：

1 纵向弯矩过大，墩柱出现的横桥向水平裂缝，首先调整上部结构的反力差，尽量降低墩身弯矩。可采用的加固方法包括：

（1）外包钢筋混凝土加大墩身截面。

（2）外包钢板，当墩身截面规则、混凝土表面完好时，可采用干包法，否则采用湿包法。

（3）在受拉侧粘贴竖向钢板。

（4）缠裹纤维复合材料箍。

2 横向弯矩过大，墩柱出现的纵桥向水平裂缝多发生在独柱墩的弯桥中，可通过调整支座横桥向位置、支座类型，降低墩身弯矩。可采用的加固方法包括：

（1）外包钢筋混凝土加大墩身横桥向截面。

（2）改独柱墩为两柱或多柱墩。

3　墩身倾斜在一定范围内时，可采用增大墩柱截面修正。增大截面后，恒载增加，应评估基础的承载能力。基础变位、上部结构变位、上部结构不平衡推力等严重病害引起墩身倾斜，首先须消除产生墩身倾斜的因素，再考虑增加新的墩柱、增加斜撑和墩身替换等加固方式。

4　墩身竖向裂缝在运营期一般不存在继续发展的条件，根据裂缝的宽度，对裂缝处理后可采用缠裹纤维复合材料箍或设置型钢箍进行加固。

5　墩身的钢筋混凝土表面缺陷，按本指南第5.4节的要求进行处理。

11.3　桥台加固

11.3.1　一般规定：

1　桥台不能满足承载能力要求或出现开裂、外鼓、危害桥梁结构安全的病害时，需对桥台进行加固处理。

2　常见桥梁的桥台由盖梁、耳墙、背墙、台身、系梁（承台）和基础组成；采用重力式U形台时，由墩帽、背墙、前墙、侧墙和基础组成。桥台处通常设置锥、护坡，对桥台进行防护。

3　桥台除承受上部结构的恒载、活载反力外，还承受台后土压力的作用，台后土压力是导致桥台产生病害的主要原因之一。

11.3.2　钢筋混凝土桥台盖梁与桥墩盖梁病害相同，加固方式相同。

11.3.3　耳墙、背墙主要病害：

1　背墙水平开裂，背墙高度较大或竖向钢筋配置不足时，在台后土压力作用下产生弯曲开裂。当台后土压力不均时，裂缝表现为与水平向有一定夹角。

2　背墙竖向开裂出现在柱顶对应的位置处，柱顶截面负弯矩最大，背墙高度大且配筋少，当盖梁的刚度较小时，背墙产生竖向开裂。

3　耳墙与背墙相交处竖向开裂，耳墙是固结于背墙的悬臂板，当台后侧向土压力较大或耳墙强度不足时，在耳墙根部产生弯曲开裂。

4　背墙与梁端抵死，产生的主要原因包括：背墙在土压力作用下产生变形；台身在土压力作用下整体向跨内变形。

11.3.4　耳墙、背墙病害处置：

1　背墙水平开裂时加固困难，裂缝宽度较小时，采用注胶封闭，防止钢筋锈蚀。开裂严重并伴有变形时，应拆除重建。

2　背墙竖向开裂后，一般处于稳定状态，可采用注胶封闭。

3　耳墙与背墙相交处竖向开裂严重时，加固困难，应拆除重建。

4 背墙与梁端抵死，因桥台整体变形，须对桥台变形进行处理；因背墙变形，应拆除重建背墙。

11.3.5 重力式 U 形桥台主要病害：

1 墙、前墙开裂，U 形台采用圬工结构，自重较大，基础的不均匀沉降易导致侧墙或前墙开裂。

2 侧墙外鼓、外倾，U 形台内填料与活载对侧墙产生侧压力，侧墙内积水，结冰后冻胀，导致侧墙外鼓或外倾，外倾较大时也会使侧墙或前墙开裂。

11.3.6 重力式 U 形桥台加固方法：

1 基础不均匀沉降形成的桥台病害，须对基础进行加固。对于沉降趋于稳定的桥台，可采用更换台内填料、外包钢筋混凝土圈梁、增设辅助支挡结构、框架梁加对拉锚杆等方法加固。

2 钢筋混凝土圈梁加固法适用于侧墙外倾，虽有开裂，但裂缝延伸长度不足台高的一半。圈梁加固的构造应满足下列条件：

（1）梁式桥圈梁顶与台帽平齐；空腹式拱桥圈梁顶与第一腹拱圈拱脚平齐。

（2）台后（侧墙尾端）路基开槽，使圈梁闭合。

（3）圈梁的厚度为 30～50cm，高度为 50～100cm，主筋直径不小于 20mm。

（4）在设置圈梁位置处植入钢筋，绑扎钢筋，浇筑混凝土。

（5）路基开槽回填，修复路面。

3 增设辅助支挡结构，在侧墙外设置支挡，限制侧墙外倾发展。此方法适用于路基开槽困难，侧墙高度在 8m 以内，侧墙处可以设置支挡结构的条件：

（1）支挡一般采用肋板式钢筋混凝土结构。

（2）依据侧墙的长度确定肋板的道数，肋板间距为 3～5m；多道肋板时，肋板间设置系梁进行连接。

4 侧墙高度较高，产生外倾、开裂严重时，采用框架梁加对拉锚杆约束外倾发展：

（1）在侧墙处横向水平钻孔，布置预应力钢束（筋）锚杆，侧墙外增设混凝土框格梁，锚杆中心布置于框格梁交点处。

（2）填料土侧压力按静止土压力计算。土侧压力分为填料引起的土侧压力和汽车荷载引起的土侧压力两部分，其中汽车荷载引起的土侧压力按汽车轮重换算为等重均布土层来计算。

（3）填料的土压力将由预应力锚杆平衡。每层锚杆的张拉控制力，按单根锚杆分担 1/2 上下左右相邻锚杆间距所构成矩形区域内的土压力计。锚杆采用等间距布置时，每层锚杆的张拉控制力不同，为使张拉控制力基本相同，在竖向可采用下密上疏的布置方式。

（4）为便于施工，预应力锚杆通常采用高强精轧螺纹粗钢筋及对应锚具。为满足局部承压的要求，需设置锚垫、锚下螺旋筋。锚头采用内置式，以便于防护。预应力筋张拉完毕应进行孔道灌浆，以避免预应力筋腐蚀。

（5）钢筋混凝土框架为预应力锚杆的支承结构，框架梁采用矩形截面。计算时将锚杆等效为支座，每一排框架梁简化为支撑于锚杆上的连续梁。

（6）为了施工方便，各截面采用统一的配筋形式，箍筋采用闭合与不闭合两种形式交替布置，不闭合箍筋作为植筋植入墙体以使框架与侧墙形成整体。

5 更换台内填料时须中断交通，因此压实困难。必须更换时，填料采用透水性较好的砂砾，并做好排水设施。

11.3.7 对于侧墙的严重外鼓、开裂，砌筑质量、材料较差时，应考虑拆除新建。

11.3.8 钢筋混凝土轻型桥台加固方法：

轻型桥台通常采用钢筋混凝土结构，构造类型多，台后土压力过大是桥台病害产生的主要原因。因此，降低台后土压力或提高抵抗土压力的能力是桥台加固的主要途径，加固方法主要有减轻桥台台背荷载加固法、加柱（桩）加固法、增大台身截面加固法、支承过梁加固法、台后增加挡土墙加固法等。

1 减轻桥台台背荷载加固法：适用于台背上压力大，桥台有向桥孔方向位移时的加固。挖除台背填料后，改换轻质材料回填，减轻桥台台背的土压力，以使桥台稳定。

2 加柱（桩）加固法：适用于竖向承载力不足或原桩（柱）抗弯刚度不足时的加固。一般可在台前增加一排桩，并浇筑盖梁，以分担上部结构荷载。盖梁可单独受力，也可联结原盖梁、原桩共同受力。

3 增大台身截面加固法：适用于桥台背土压力过大，台身强度、刚度不足时的加固。可挖去台背填土，增大台身截面，提高强度和刚度。

4 支承过梁加固法：主要应用于单跨的小跨径桥梁。可在两桥台基础之间建造支承过梁，以防桥台向跨中位移。若采用钢筋混凝土支承梁或浆砌片石撑板加固，支撑不高于河床。

5 台后增加挡土墙加固法：适用于桥台背土压力过大的桩柱式台的加固，台后增加挡土墙后，依靠挡土墙承受土压力。

11.4 基础加固

11.4.1 增大基础面积加固法：

1 适用条件：

（1）原桥基础为埋置较浅的圬工刚性扩大基础。

（2）桥梁基础病害为不均匀沉降，或基底局部掏空。

（3）桥梁设计荷载等级提高，检算表明基础承载能力不足。

（4）地基土的容许承载力在300kPa以上。

(5) 原基础周边基坑开挖可实施。

2 增大基础面积加固法的技术要求：

(1) 增大基础的面积应由基础的承载能力和沉降要求验算确定。

(2) 扩大基础面积后，应能使墩台基底的应力在地基的允许应力范围之内。

(3) 基础主要病害表征为不均匀沉降时，采用增大基础底面积加固，主要由地基变形控制设计。

(4) 新老基础结合须考虑可靠的构造措施，满足共同工作的要求。

(5) 增大基础的基底高程应至少与原基底高程平齐，视地基条件可低于原基底高程。

(6) 新增部分的材料需配置钢筋时采用 C25 混凝土，不需配置钢筋时采用 C20 片石混凝土。

3 增大基础面积加固法应注意下列影响：

(1) 原基础周边开挖，会降低原基础的承载能力和稳定性，拱式桥的施工风险大于梁式桥。

(2) 在雨季施工作业，基坑积水会降低基础的承载能力和稳定性。

11.4.2 增补桩基加固法：

1 适用条件：

(1) 原桥梁基础为桩基础，桥梁设计荷载等级提高或上部结构因加固改造恒载增加等。

(2) 原基础为摩擦桩，由于河床下切，接近局部冲刷深度。

(3) 河床下切趋势明显，且河床冲刷防护困难。

(4) 原桥基础为扩大基础，采用增大基础面积加固法困难时。

(5) 桥下净空满足桩基施工作业条件，承台扩大不影响通航净空。

2 增补桩基加固法的构造要求：

(1) 新桩的一般构造：

①钻孔桩设计直径不宜小于 80cm，也不宜小于原桩径的 2/3。

②新加桩一般设于原桩纵桥向前后，视增加桩基的数量，新桩可与原桩布置在同一轴线，也可错位布置，用承台将原有桩基与新桩连接，使其共同受力。

③新加桩纵向设置施工困难或压缩通航断面时，可设于原桩横桥向两侧，承台连接原桥桩基与新加桩基。

④新加桩为钻孔灌注摩擦桩时，新加桩与原桩中距不得小于桩径的 2.5 倍；新加桩为钻孔灌注端承桩时，新加桩与原桩中距不得小于桩径的 2 倍；桩径不一致时，按桩径较大的控制中距。

⑤原基础为扩大基础时，桩基沿基础襟边设置。

(2) 新增承台：

①原桩基顶仅设置系梁时，需新增承台，原系梁可包裹在新承台内。承台厚度应不

小于1.5m，依据桩基的布置，尽量减小承台体积，可采用菱形、H形等多边形构造，但应满足桩基距承台边缘的最小距离要求。

②原桩基顶为承台时，可在新建承台与既有承台结合面采用植筋法连接新老承台，必要时设置剪力键。

③边桩外侧与承台边缘的距离，对于直径（或边长）≤1m的桩，不得小于0.5倍桩径并（或边长）不小于25cm；对于直径（或边长）>1m的桩，不得小于0.3倍桩径并不小于50cm。

3 增补桩基加固法的计算要求：

（1）增补桩基加固须计算的内容如下：

①原桥基础承载能力检算。

②新桩单桩容许承载力的确定。

③新桩的沉降计算及沉降控制。

④群桩的承载力。

（2）承台的计算内容包括：

①承台抗弯（抗压）承载力计算。

②承台抗剪切强度计算。

③承台的冲切计算。

4 增补桩基加固法应注意以下影响：

（1）增加的桩基会引起河床过水断面面积的减少，增加流速，加剧河床的局部冲刷，应对局部冲刷深度进行评估分析。

（2）新增桩基钻孔过程中，塌孔、振动等对地基土产生扰动，会使原桩摩阻力下降，对承载能力产生影响。

（3）施工时工作面受限，施工机械可能会对原结构产生碰撞、刮擦等。

11.5 地基加固

11.5.1 地基注浆加固法：

1 适用条件：

（1）水泥灌浆法：

①适用于砂土和碎石土中的渗透灌浆。

②适用于黏性土、填土和黄土中的压密灌浆与劈裂灌浆。

（2）硅化法：

①对地基土的渗透系数为0.1~80m/d的粗颗粒土，可采用双液硅化法（水玻璃、氯化钙）。

②对地基土的渗透系数为0.1~2m/d的湿陷性黄土，可采用单液硅化法（水玻璃）。

③对自重湿陷性黄土，宜采用无压力单液硅化法。

(3) 碱液法：

适用于处理既有构筑物的非自重湿陷性黄土地基。

2 注浆材料要求：

(1) 浆液应是真溶液，浆液黏度低，流动性好，能进入细小裂缝。

(2) 浆液凝胶时间在大范围内可调节，易准确控制，浆液凝胶可在瞬间完成。

(3) 浆液的稳定性好，在常温常压下长期存放不改变性质，不发生任何化学反应。

(4) 浆液对注浆设备、管路、混凝土结构物、橡胶制品无腐蚀，并容易清洗。

(5) 浆液固化时无收缩现象，固化后与岩石、混凝土等有一定黏结性。

(6) 浆液结石体有一定抗压和抗拉强度，不龟裂，抗渗性能和防冲刷性能好。

(7) 结石体耐老化性能好，能长期耐酸、碱、盐、生物细菌等腐蚀且不受温度、湿度影响。

3 注浆法的设计要求：

(1) 设计应包括注浆有效范围、注浆材料的选择、初凝时间、注浆量和压力、注浆孔布置和注浆顺序等。

(2) 注浆设计前，应查明加固土层的分布范围、含水率、土的颗粒级配、地下水和裂隙率等土体的物理力学指标。

(3) 注浆设计前必须进行室内浆液配比试验。此外，尚宜进行现场注浆试验，以求得合适的设计参数，并检验施工方法和设备。

(4) 注浆工艺和有效范围应根据不同工程要求，在充分满足防渗堵洞，提高土体强度和模量、充填空隙及托换等前提下加以确定。注浆点的覆盖土厚度应大于 2m。

(5) 浆液及其配比的设计，必须考虑注浆目的、地质情况、地基土的孔隙大小、地下水的状态等，在满足所需要求的前提下选定最佳配比。

(6) 初凝时间必须根据地基土质条件和注浆目的确定。在砂土地基注浆中，一般使用的浆液初凝时间为 5～20min；在黏性土中劈裂注浆时，一般浆液初凝时间为1～2h。

(7) 注浆量取决于地基土性质和浆液的渗透性等因素。在进行大规模注浆施工时，宜在施工现场进行试验性注浆以确定注浆量。一般黏性土地基中的浆液注入率为15%～20%。

(8) 在砂性土中注浆，若以防渗为主要目的，则应考虑二次注浆。第二次注浆的时间宜在第一次注入的水泥浆初凝后进行。注浆材料应采用水玻璃等低黏度的化学注浆材料。

(9) 对劈裂注浆，在注浆的范围内应尽量减小注浆压力。注浆压力的选用根据土层的性质及其埋深确定。砂性土中的注浆压力经验数值为 0.2～0.5MPa；黏性土中的注浆压力经验数值为 0.2～0.3MPa。

(10) 对压密注浆，注浆压力主要取决于浆液材料的稠度。若采用水泥砂浆液，坍落度可在 25～75 mm，注浆压力可在 1～7MPa，坍落度较小时，注浆压力可取上限值。若采用水泥-水玻璃双液快凝浆液，则注浆压力应小于1MPa。

（11）注浆孔的布置应能使被加固土体在平面和深度范围内连成一个整体。

（12）注浆顺序必须适合地基土质条件、现场环境及注浆目的，不宜采用自注浆地带某一端单向推进的压注方式，应按跳孔间隔注浆方式进行，以防止串浆，提高注浆孔内浆液的强度与时俱增的约束性。对有地下动水流的特殊情况，应考虑浆液在动水流下的迁移效应，应自水头高的一端开始注浆。

（13）注浆时应采用先外围后内部的注浆施工方式。注浆范围以外有边界约束条件时，也可采用自内侧开始顺次往外侧注浆的方式。

4 注浆法的施工要求：

（1）水泥浆作为注浆材料：

①注浆施工必须根据设计要求，并考虑周围环境条件进行。

②注浆法施工的场地事先应予平整，除干钻法外，应沿钻孔位置开挖沟槽与集水坑，以保持场地的整洁和干燥。

③注浆施工情况必须如实记录，应有压力和流量记录，宜采用自动流量和压力记录仪，并对资料及时进行整理，以便指导注浆工程的顺利进行，并为验收工作做好准备。

（2）以灌注水玻璃或水玻璃加氯化钙为注浆材料：

①施工前应通过现场试验编制施工组织设计，内容应包括注液管及电极管的布置图和打（或钻）入深度、化学浆液浓度和用量、注液方法、灌注速度、灌注压力及加固效果的要求等。

②采用电动硅化加固时，应提出合理的电压梯度、通电时间和方法。

5 采用注浆法加固地基，应考虑以下问题：

（1）注浆法加固地基质量控制、检验难度大，是否可达到设计预期评估困难。

（2）同一墩台基础，因地层、地质的不同，按同一设计方案、施工方式进行加固时，可能导致承载能力不均匀。

（3）注浆过程中对土体产生挤密、扰动，对既有基础的沉降有一定影响。

11.5.2 高压旋喷注浆加固法：

1 适用条件：

（1）适用于处理淤泥、淤泥质黏土、黏性土、粉土、黄土、砂土、人工填土和碎石土等地基，但对于土中砾石直径过大、砾石含量过多及有大量纤维质的腐殖土，应根据现场试验结果确定其适用程度。

（2）主要用于增加地基强度、挡土围堰及地下工程建设、增大土的摩擦力及固着力、减小振动防止砂土液化、降低土的含水率、防止洪水冲刷和防渗帷幕等七类工程。

2 高压旋喷注浆的材料要求：

（1）真溶液而不是悬浊液，浆液黏度低，流动性好，能进入细小裂缝。

（2）具有一定的力学强度。

（3）凝胶时间可以在一定范围内任意调节，固化后的固结体有一定的黏结性。

（4）浆液的稳定性好，对环境无污染。

3 旋喷法的设计要求：

（1）墩台基础承载能力不足，产生沉降变形：

①加固前墩台基础承载能力的估算。加固前除收集有关工程设计所必需的各项资料外，还应对工程的病害历史和现状进行调查分析。根据病害发生、发展程度，推算现有地基承载能力。

②用地质钻探的方法确定基岩或硬层的深度，确定旋喷固结体的性质。若基岩较浅，设计为支承桩；若基岩较深，则可设计成摩擦桩。

③现场选取各层土样，按加固需要和现场可能达到的水泥、水、土三者之比进行配比试验，决定固结体的材料强度。

④计算加固所必需的固结体的总面积。

⑤加固总面积确定以后，可用试桩或经验公式法确定旋喷固结体的有效直径。

⑥进行孔位布置。

（2）荷载等级变化，需提高墩台基础承载能力：

①对原有墩台基础进行承载力估算。

②假定加固后结构新增加的荷载由全部固结体承受，进行设计。

③确定加强所需桩柱的总面积，然后确定固结体的有效直径，从而确定桩数。

④进行桩位布置。

4 旋喷法的施工要求：

（1）垂直施工时，钻孔的倾斜度不得大于1.5%。在插管和喷射过程中，要注意防止喷嘴被堵，在拆卸或安装注浆管时动作要快。水、气、浆的压力和流量必须符合设计值，否则要拔管再重新进行插管和旋喷。使用双喷嘴时，若一个喷嘴被堵，则可采取复喷方法继续施工。

（2）喷射时，要做好压力、流量和冒浆量的量测工作，并按要求逐项记录。钻杆的旋转和提升必须连续不中断。拆卸钻杆继续旋喷时，要注意保持钻杆有0.1m的搭接长度，不得使喷射固结体脱节。

（3）深层喷射时，应先喷浆后旋转与提升，以防止注浆管扭断。

（4）搅拌水泥时，水灰比要按设计规定，不得随意更改，在旋喷过程中应防止水泥浆沉淀，导致浓度降低。禁止使用受潮或过期的水泥。

（5）施工完毕，立即拔出注浆管，彻底清洗注浆管和注浆泵，管内不得有残存水泥浆。

11.6 河床抗冲刷防护

11.6.1 河床冲刷下切，使基础埋置深度或长度降低，达到局部冲刷深度时，影响基础的承载能力和稳定性。对于中小桥，当河床存在冲刷下切问题时，应进行抗冲刷防护。

11.6.2 导致河床冲刷下切有自然因素和人为因素。人为因素主要有压缩河道断面和挖沙取石。

11.6.3 对自然因素产生的河床冲刷下切，采取的主要措施包括：
1 对比降较大的河床，在桥位上游侧设置消能设施，降低水流流速。
2 在桥位下游侧设置淤砂坝，稳定河床，同时降低水流流速。
3 桥墩周边局部冲刷，宜采用柔性防护，通过抛填石、石笼、混凝土预制块等，形成防护。柔性防护的顶面高程应高于一般冲刷线。
4 河床整体下切，中小跨径桥梁宜采用刚性防护，设置浆砌片石或干砌片石混凝土护面河床铺砌，铺砌防护的顶面高程应与一般冲刷线齐平。
5 在河道上设置调治构造物，改变水流方向，避免凹岸侵蚀或水流的集中冲刷。

11.6.4 对于大江、大河上的大桥，实施河床抗冲刷防护的难度大，应采用增加桩基提高基础承载能力的方法，抵抗河床冲刷。

12 公路桥梁改造

12.1 一般规定

12.1.1 桥梁主要承重构件存在缺陷，满足下列条件时，应进行部分或全部更换改造：

1 主要承重构件技术状况等级评定为五类。

2 部分主要承重构件技术状况等级评定为四类，加固后耐久性差、使用寿命短或加固后的预期不确定。

3 部分主要承重构件技术状况等级评定为四类，加固费用大于或等于新建费用。

4 构件的设计存在先天不足，同类构件病害特征类似，具有明显规律性，且加固实施难度大。

5 支座、伸缩缝、吊杆等可更换构件存在缺陷，且达到使用寿命。

12.1.2 桥梁行车道宽度小于衔接的道路宽度，且通行能力不足时，应对桥梁进行拓宽改造。拓宽改造应满足下列要求：

1 明确拓宽改造后道路等级的变化及相应桥梁设计荷载等级。

2 按拓宽改造后恒载、活载的变化，检算原桥的承载能力状况，确定原桥是否需加固处理或采取其他技术改造措施。

3 桥梁的拓宽改造部分宜采用与原桥同跨径、同结构形式，保持外观的一致性。

4 拓宽改造的技术方案应与施工期的交通组织统筹考虑，尽量做到施工过程不中断交通，将拓宽改造施工期对现有交通的影响程度降到最低。

5 位于城镇的桥梁，从减少拆迁占地、降低工程造价和可持续发展理念出发，做好桥梁拓宽改造方案的比选论证。

12.1.3 桥梁的抗洪能力与桥梁净高、桥长和基础抗冲刷能力有关。桥梁抗洪能力不足时，应按下列要求对桥梁进行技术改造：

1 过洪能力改造：

（1）桥梁接长，增大过洪断面。

（2）清理桥下堆积物，增大过洪断面。

2 基础抗冲刷能力提高，按本指南第11.6节要求进行加固改造。

12.1.4 满足以下条件时，应拆除新建：

1 桥梁技术状况等级评定为五类。

2 上部结构更换，下部结构的构造不适应新的上部结构构造。

3 上部结构更换，缺乏下部结构基础的设计相关资料，承载能力无法评判。

4 桥梁技术状况等级评定为四类，设计荷载标准低，跨径较小的桥梁。

5 桥梁技术状况等级评定为四类，桥梁结构类型与桥位处的地形、地质条件不匹配。

6 中小跨径桥梁的平、纵技术指标低于道路等级技术要求，形成交通运营安全隐患，且经常有交通事故发生。

12.1.5 桥梁拆除后，新建桥应满足现行标准的要求，桥梁各项技术指标不得低于原桥，可根据下列条件确定桥梁是在原桥位新建还是另选桥位新建：

1 原桥位新建条件：

（1）原桥位与路线线形顺适，平、纵技术指标满足对应道路等级要求。

（2）原桥位处无不良工程地质，河道顺直，桥下净空满足行洪要求。

（3）桥梁在拆除、新建施工期间，车辆具备绕行或中断交通条件。

（4）道路无远期提高等级改建计划。

（5）另选桥位新建时，征地、拆迁数量大，投资增加远超预期。

2 另选桥位新建条件：

（1）原桥位线形的平、纵技术指标不满足对应道路等级要求。

（2）原桥位处存在不良工程地质或其他不利桥梁安全的水文条件。

（3）桥梁在新建施工期间，车辆无法绕行或中断交通，利用原桥保通，桥梁建成后，拆除原桥。

（4）与道路远期提高等级改建计划协调考虑新桥位的选择。

（5）另选桥位新建时，须多方案论证，降低征地、拆迁数量和改线长度，控制工程投资规模。

12.2 主梁更换技术

12.2.1 一般规定：

1 对于预制装配梁式桥，主梁更换可为整跨或整桥主梁的更换，也可对承载能力不足（受力不利）的部分主梁更换或仅更换意外事故（如车、船撞击，火灾，爆炸等）导致严重缺损的主梁。

2 应对被换梁进行专项检测评定，为主梁更换必要性提供技术依据。

3 主梁更换后上部结构恒载增加及设计荷载等级提高时，须对下部结构的承载能力进行复核。

4 主梁更换应尽量降低对交通的干扰，须制订安全、合理、可行的主梁更换方案，主要包括：

(1) 原主梁的拆除、清运。
(2) 拆除过程中对非拆结构的防护。
(3) 原结构的改造或加固。
(4) 新梁的运输、安装。
(5) 新梁与原结构的连接。
(6) 施工期的交通组织、安全保障。

12.2.2 主梁整体更换设计要求：

1 整桥全部主梁更换，新主梁的梁高不受原结构的限制，但应注意与桥头引道高程的衔接，以及桥台背墙、支座垫石、防震挡块的改造。

2 新主梁为预制装配板式结构跨径大于10m，梁式结构跨径大于16m时，应采用预应力混凝土结构，跨径大于20m时宜采用简支转连续体系。

3 一般按现行规范设计的主梁，截面尺寸均大于早期规范的要求，恒载较原上部结构有所增加。当下部结构承载能力储备不足时，可采用钢-混凝土组合结构，控制恒载反力的增加。

4 更换为钢-混凝土组合结构时，应满足相应标准的要求，同时考虑运营期养护的方便性。

12.2.3 主梁部分更换设计要求：

1 依据桥面净空布置，主梁的横向连接方式选择合适的荷载横向分布系数计算方法，分配系数最大的梁为拟更换的梁。通常情况下，对于窄桥，边梁荷载分配系数最大。

2 新主梁设计梁高应与原剩余主梁匹配，刚度、强度须适当提高。

3 新主梁设计应与原主梁的横隔板位置对应，原主梁未设置中横隔板时，应考虑增设横隔板。

4 荷载按主梁刚度横向分配，通过提高新主梁的刚度，降低原梁的荷载分配。依据拟定的新梁刚度，新旧梁的横向连接及改造后桥面净空布置，考虑新旧梁刚度不同，选择合适的荷载横向分布系数计算方法，计算原梁的荷载横向分配系数的变化。调整新梁至合适的刚度和强度，使原梁的荷载分配系数最小。

5 对受力不利主梁更换，对窄桥（跨宽比大于2）提高桥梁承载能力效果较明显。

6 受力不利主梁为边梁时，适当增加边梁宽度，可适用于桥梁加宽宽度要求不高的情况。

12.2.4 主梁应急更换设计要求：

1 车、船撞击，火灾，爆炸等意外事故可能导致整跨或部分主梁严重受损，检查、检测评定主梁受损状况，确定更换主梁数量。

2 意外事故发生前，桥梁的承载能力满足设计荷载要求时，新主梁的设计按原桥的主梁进行设计，与剩余主梁的连接同原设计构造。

3 意外事故发生前，桥梁的承载能力不满足设计荷载要求时，根据更换主梁的占比，可考虑全部更换的方案，或新梁按现状设计荷载标准设计，对未更换主梁进行加固。

12.2.5 桥梁主梁更换施工要求：

1 整体或单梁更换施工，应根据现场条件，结合设计要求，制订施工组织方案，配置合适的施工机具，确定合理的施工工序。

2 根据原主梁的构造形式和受损状况，确定拆除方案。对于损伤严重的主梁，应设置必要的辅助设施，避免起吊过程中产生大的变形或破断。

3 解除需更换主梁的纵、横向连接后，对于T形梁、工形组合梁应设置临时支撑，避免倾覆。

4 原梁拆除的顺序是其安装顺序的逆过程，拆除时应遵循按先安装的后拆、后安装的先拆的原则。

5 核查支座中心位置是否准确，支座垫石、墩台帽是否存在缺陷，为新梁准确安装做好准备。

6 新梁安装后，核查与原结构的相对位置关系，连接钢筋。由于新老混凝土的龄期差，结构拼接处易出现收缩裂缝，应制订混凝土浇筑方案，降低收缩开裂的风险。

12.3 桥梁拼接拓宽改造

12.3.1 一般规定：

1 路宽桥窄，且桥梁通行能力不足时，应对桥梁进行拓宽改造。

2 拓宽改造可在原桥侧新建独立桥梁，新旧桥结构间无荷载传递，上下行分幅。新建桥的设计应兼顾原桥的桥长、跨径、桥面高程及纵坡等参数，使新旧桥匹配，满足交通组织的要求。

3 拓宽改造也可在原桥侧采用横向拼接的方式进行拓宽，新旧桥形成整体桥面。上部结构可采用有缝拼接、铰接、半刚接、刚接等多种方式；下部结构可采用与原结构连接或独立两种形式。

4 拼接拓宽适用的原桥上部结构为预制装配式T形梁、预制装配式空心板、预制装配式小箱梁、整体现浇矩形或空心板、整体现浇箱梁等。

5 依据桥位处路线中心线的实际情况，可在原桥单侧拼接拓宽，也可双侧拓宽，拓宽改造后应保证桥梁中心线与路线中心线协调统一。

6 拼接拓宽改造后，新旧结构应满足同一设计荷载等级要求。

7 拼接拓宽改造的平、纵线形须与桥位处路线线形相匹配，当桥梁位于平曲线上时，为适应曲线段加宽要求，左右侧拓宽宽度可不同。拓宽部分应与原桥纵坡一致，桥面横坡与道路横坡设置要求相同。

8 应对拓宽改造后的通行能力进行评估，分析拟定的拓宽宽度是否满足要求。

12.3.2 设计基本原则：

1 为使新旧结构的竖向变形和纵向变形协调，拓宽新建部分宜采用与原结构相同的结构形式和跨径。

2 拼接拓宽部分的主梁与原主梁同类时，为同刚度拼宽；采用不同类型进行拼宽时，为异刚度拼宽。一般情况下应采用同刚度拼宽，需调整荷载横向分配时，可适当增大拓宽部分主梁的刚度。

3 有缝拼接，相邻的新旧主梁不传递内力，荷载不进行横向分配，受力明确。新旧主梁变形不同步，桥面铺装易产生纵向开裂，沿纵缝渗漏水可能性大。有缝拼接适用于小跨径、主梁刚度较大或新旧结构类型不同的桥梁拓宽。

4 铰接连接可传递剪力，对新旧结构的差异变形适应性强，降低桥面开裂的风险。

5 刚接连接可传递剪力和弯矩，荷载可在新旧结构进行横向分配，新结构对老结构有一定的卸载需要。对新旧结构的差异变形适应性差，可通过调整连接刚度，改善使用性能，设计为半刚性连接。

6 为使拓宽部分分摊较多的荷载，应适当加强横向联系。当新旧结构形式或跨径不同时，存在较大的横向刚度差，应采用铰接或有缝拼接等弱连接形式，弱化横向联系，同时提高主梁抗弯刚度，降低变形。

7 拓宽拼接通常采用的方法包括：

（1）无翼缘板的空心板桥，采用有缝拼接。

（2）短翼缘板（小于50cm）的空心板桥，采用切除旧桥边板翼缘板，新桥内边板的翼缘处预留钢筋和旧桥翼缘处的植筋进行焊接，采用现浇湿接缝形成铰接。

（3）长翼缘板（大于50cm）的T梁、箱梁桥，采用切除部分翼缘板，新桥内边梁的翼缘板、横梁端头预留钢筋和旧桥翼缘处、横梁处的植筋进行焊接，形成半刚性连接和梁端的刚性连接。

8 拓宽宽度：

（1）拓宽宽度不宜小于一片预制梁（板）的宽度。

（2）拓宽宽度小于一个车道宽度（3~3.75m）时，须考虑新旧结构共同受力，上部结构宜采用半刚性连接或刚接，下部结构与原结构连接。

（3）拓宽宽度大于一个车道时，拼接部分为独立工作模式，上部构造可采用有缝拼接或铰接，下部结构与原结构独立。

9 拓宽部分的下部结构形式应与原桥基本一致，为降低拓宽部分的沉降量，基础尽可能采用桩基础。拓宽部分桩基础与原基础应满足最小间距要求，采取合适的成孔方式，使桩基础的施工不影响原基础的安全。

12.3.3 拓宽拼接施工要点：

1 拼接拓宽新桥的几何控制：

（1）桥梁拼接施工前复测旧桥的几何线形和高程，并与设计图纸复核，评估旧桥的几何偏差，以便对拓宽新桥进行相应调整。

（2）桩位、柱位，盖梁中心线等误差控制按桥梁相关规范执行，必须确保最终的平面位置偏差满足拼接要求。

（3）高程控制精度应确保拼接缝钢筋连接平顺，拼接缝混凝土断面尺寸、桥面混凝土铺装层厚度及桥面横坡满足设计要求。

2 拼接加宽新桥基础施工：

（1）拼接的新桥基础施工时，应确保老桥结构不受损伤，并使扰动最小。靠近老桥的桩基不宜采用冲击钻成孔工艺，若地质条件限制，必须采用冲击钻工艺时，要严格控制冲程以降低振动，并采取有效措施保护旧桥基础。

（2）为控制基础差异沉降，须严格控制灌注桩底沉淀层厚度，摩擦桩沉淀层厚度为 $0.15D \sim 0.2D$（D 为桩径），端承桩沉淀层厚度小于 2cm。

（3）钻孔、清孔、终孔时，泥浆比重宜控制在 1.25～1.35 范围内，防止泥沙沉淀和胶泥过多，以及出现塌孔影响旧桥基础安全。

（4）拼接施工时若要局部拆除旧桥下部结构（如桥台的耳墙），挖除锥、护坡等，应采取临时防护措施保证台后路基稳定。

3 拼接加宽新桥上部结构施工：

（1）预制梁（板）采取有效措施，使混凝土的收缩、徐变影响减小，降低混凝土在拼接处开裂的风险。

①采用低吸水率、高弹模的集料，集料对水泥浆的收缩有一定制约作用。

②在保证混凝土强度和施工和易性的条件下尽量减少水泥用量，水泥用量越大收缩徐变越大。

③严格按照混凝土标准配合比设计拌和混凝土，采用半干硬性混凝土减小混凝土坍落度。

④加强混凝土的养生。

⑤延长混凝土加载龄期，加载龄期越大，混凝土的徐变越小。

（2）梁（板）的架设应保证梁板架设位置准确和梁板支座受力均匀，架设安装施工中应注意下列问题：

①要对每片梁板进行检查，包括几何尺寸、混凝土强度、反拱度和拼接面的凿毛情况等。

②架设前对支座垫石进行检查，检查梁板底楔形垫块质量，支座中心线，支座规格、型号、安装方向是否满足要求。

③安装时确保梁体的全部支座均匀受力。

④架设安装完成后，应检查新旧桥拼接缝处的缝宽、高程是否满足拼接要求，否则应及时进行处理。

4 桥面系施工：

（1）梁板架设完成后，应对拼接加宽新桥的湿接缝（头）、隔板、横梁、负弯矩、桥面混凝土调平层等完成施工。

（2）桥面混凝土调平层需与原桥连接时，须注意钢筋的预留，待新桥桥面系施工完成30～50d后，方可进行拼接施工。

（3）旧桥存在缺陷，需进行病害处理、补强加固的，须完成旧桥的维修、加固后才能进行新旧桥的拼接。

（4）拼接完成后，新旧桥的桥面进行沥青混凝土桥面摊铺施工。

13 加固改造设计文件的编制

13.1 一般规定

13.1.1 设计文件是安排工程项目、控制投资、编制招标文件、组织施工和交、竣工验收的重要依据。

13.1.2 加固设计文件应满足《公路工程基本建设项目设计文件编制办法》（交公路发〔2007〕358号）的相关要求。

13.1.3 加固设计文件须贯彻"安全、耐久、适用、环保和经济"的设计理念，遵循"分类施策、因地制宜、集约高效、安全经济、绿色环保"的原则，根据桥梁的病害状况，制订合理加固方案，使加固工程项目对社会和环境影响最小，技术经济最优。

13.1.4 桥梁加固设计文件编制前，应与桥梁养护管理单位充分对接，了解桥梁病害的发展情况，道路升级改造规划，桥梁通行车辆组成及流量，过桥管线情况，需中断交通时的车辆绕行线路，征地、拆迁难度，地材价格，主要材料的运距等基本信息，提高加固设计的可行性和针对性。

13.1.5 设计应包含设计目标、材料技术要求、病害成因分析、必要的结构计算（含加固效果分析）、维修加固措施、施工工序工艺要求与验收标准等内容，按现行《公路桥梁加固设计规范》（JTG/T J22）、《公路桥梁加固施工技术规范》（JTG/T J23）等标准执行。

13.1.6 桥梁加固工程概预算文件编制，应根据设计阶段的不同要求，以及加固工程技术特点，按现行《公路养护预算编制导则》（JTG 5610）、《公路工程预算定额》（JTG/T 3832）、《公路工程机械台班费用定额》（JTG/T 3833）和《公路工程建设项目概预算编制办法》（JTG 3830）的规定执行，同时应满足地方交通运输主管部门有关养护工程或桥梁加固改造工程概预算编制的相关规定。

13.1.7 桥梁加固设计工作须由具有相应资质，并具备相关工程经验的设计单位完成。

13.1.8 桥梁加固改造工程设计宜采用经过实际工程验证的新技术、新材料、新工艺、新设备；对未经实际工程验证的新技术、新材料、新工艺、新设备，可通过设置试验段的方式进行工程验证。

13.1.9 桥梁加固改造工程设计应同步开展交通组织设计，保障养护工程实施期间公路交通的安全通行和施工作业区安全。

13.1.10 桥梁加固改造工程设计实行动态设计，工程实施过程中应根据病害新发现或发展情况开展必要的优化设计。

13.1.11 技术复杂的桥梁加固改造工程的施工组织设计应包括施工工序、防护措施及施工监测等设计要求。

13.1.12 桥梁加固改造工程设计中危险性较大的分部分项工程应严格执行《危险性较大的分部分项工程安全管理规定》的要求，设计单位应在设计文件中注明涉及危大工程的重点部位和环节，提出保障工程周边环境安全和工程施工安全的意见，必要时进行专项设计。

13.2 设计阶段

13.2.1 公路桥梁加固设计一般采用两阶段设计，即方案设计（前期）阶段和施工图设计阶段。

13.2.2 方案设计应包括桥梁维修、加固或改造的必要性和可行性的论证，以检测评估报告为基础，制订合理的设计方案和投资估（概）算。对于技术复杂、工期长、实施难度大、投资较高的加固、改造项目，须进行多方案技术经济比较，为桥梁加固、改造项目立项提供依据。

13.2.3 在方案设计的基础上，结合审查意见，对桥梁加固项目进行施工图设计，主要包括桥梁加固前的状况，加固设计的原则和方法及加固后的预期效果；加固关键技术、材料、施工工序工艺、安全技术要求；符合相关标准的图、表，并满足施工要求；工程预算等。施工图设计经主管部门审查、审批后，供施工、建设、监督、监理单位使用。施工图设计经主管部门审查后，对设计深度、加固效果的预期、施工安全风险、工程造价等提出质疑时，应按审查要求进行施工图修编，工程量发生变化时应同步修编预算文件。

13.3 方案设计要求

13.3.1 收集桥梁相关基础技术资料，主要包括原设计资料、竣工资料、设计变更资料、交通运营资料（含车流量、车辆荷载等）、施工过程中的试验及科研资料、工程事故处理资料、施工过程监测资料、交竣工验收资料、前期大中修资料、桥梁最近一次技术状况评定和适应性评价资料、桥位处自然环境特征资料等。

13.3.2 方案设计应以桥梁检测评定报告为主要依据，结合现场检测的结构尺寸、几何线形、材质状况等资料，根据桥梁病害的部位、程度和范围，分析病害成因和对结构使用功能、安全的影响。

13.3.3 依据病害特征和对桥梁使用安全、耐久性的影响，论证加固的必要性。

13.3.4 按桥梁所在道路的等级，结合原桥的实际状况，确定加固预期目标，其中设计目标应根据养护需求满足在现状基础上提高承载能力、刚度和耐久性，改善受力状态，恢复或改善使用功能等要求。

13.3.5 结合桥梁的结构特点、桥位处的环境条件和加固预期目标，论证加固的可行性，并对加固施工安全风险进行评估。

13.3.6 以提高承载能力、刚度或稳定性为加固目标时，应按现行《公路桥梁承载能力检测评定规程》（JTG/T J21）的要求，对桥梁实际（或现状）承载能力进行检算，必要时可采用荷载试验等方法来确定其实际承载力。

13.3.7 针对病害的特征、程度和产生原因，提出合理加固方案。

13.3.8 基于拟定的方案，对桥梁承载能力进行复核，验证加固方案在理论上是否满足预期目标。

13.3.9 对于技术复杂桥梁或大桥、特大桥，须拟定两个或两个以上加固方案，进行技术经济比选，并提出推荐方案。

13.3.10 明确推荐方案的施工流程及工期安排。

13.3.11 明确各方案的工程数量及相应的设计概算。

13.3.12 以提高耐久性为加固目标时，应按现行《公路工程混凝土结构耐久性设计规范》（JTG/T 3310）明确环境类别，准确分析病害成因和影响，明确养护材料指标、关键施工工艺与质量验收标准。

13.3.13 方案设计应充分调研桥梁运营环境，方案若受既有道路、航道、铁路、电力、通信、文保等因素影响，应有应对措施，确保设计施工方案的可实施性。

13.4 施工图设计要求

13.4.1 施工图设计应依据方案设计及批复意见，对加固方案进行细化和深化，确定各项工程数量，提出文字说明和满足审批和施工需求的图表资料，并编制施工图预算。

13.4.2 主要病害的程度、计算参数不确定时，再次对桥梁状况进行现场调查或进行相关检测、试验。

13.4.3 拆除新建时，应对桥位处的地形、河床纵断面、地质、水文等进行详细勘察。

13.4.4 加固方案应依据批复意见进行调整，并重新检算方案调整后的承载能力。

13.4.5 一般情况下，施工图设计阶段不宜提出多方案进行比选。

13.4.6 计算评估加固后恒载变化对未加固构件的内力影响。

13.4.7 加固施工图设计中应明确原结构与新增结构、拆除结构与保留结构。

13.4.8 需对原结构进行构件表面处理、局部拆除、钢筋植入等加固前处理时，须绘制相关构造图。

13.4.9 如需拆除老桥部分构件或全桥拆除，应给出详细的拆除方式、拆除程序和注意事项。

13.4.10 明确加固施工工艺要求和工序要求，绘制施工流程图。

13.4.11 汇总各项工程数量。

13.4.12 编制施工图设计预算。

13.4.13 施工图设计存在下列问题时，应对其进行修编：
1 与方案设计存在较大差别，或未执行方案设计的审查意见并无原因说明。
2 加固设计对原结构损伤较大，使原结构安全度降低。
3 加固计算模型与实际结构不吻合，计算参数取值依据不充分。
4 设计图纸存在严重错误或前后不一致，关键构造表达不清，无法施工或易导致施工错误。
5 施工工序不合理，影响加固效果或使原结构出现不利受力工况。
6 对施工技术装备能力要求过高，现有条件不能满足。

13.4.14 修编后的施工图设计，须采取合理处置措施解决存在的问题。通过计算分析、文字说明问题的解决方案，完善满足施工需求的图表资料，修正工程数量，并相应修编施工图预算文件。

13.5 方案设计文件编制基本内容

13.5.1 设计资质证书、设计委托书等相关能力证明资料复印件。

13.5.2 桥梁加固工程汇总表。列出桥名、中心桩号、路线编号、公路等级、桥梁全长、桥宽、桥跨组合及结构类型、逐部件、主要受力构件和整体技术状况等级等。

13.5.3 文件目录。

13.5.4 设计总说明：
1 概述：
（1）桥梁概况：
①桥梁所在线路名称与编号，桥梁名称与编号，桥梁位置及里程桩号。
②桥跨组合及桥长，桥面净空及桥宽，桥梁上、下部结构形式与主要结构采用的材料，桥梁平面布置（正、弯、斜）。
③桥梁设计荷载、设计洪水频率、抗震等级等主要技术参数。
④桥梁开、竣工日期，桥梁设计、施工、监理、建设单位。
⑤桥梁检查、检测、维修、加固历史情况。
⑥桥梁现状主要缺陷描述，当前桥梁交通状况等。
⑦桥梁跨越河流、沟壑、既有道路或铁路等情况。
⑧桥梁立面总体照片。
（2）检测、设计经过：
简要说明桥梁检测、方案设计工作过程。

2 设计依据、规范与标准：
（1）桥梁加固项目委托书或合同，纪要或批文，检测报告等。
（2）列出方案设计采用的规范和技术标准，采用的规范须为现行规范，对原结构进行计算分析时，可借鉴原桥设计年度对应的规范。
（3）其他必要的数据引用资料：原设计、竣工、施工监控资料；定期检查、特殊检查、荷载试验、承载能力检算评定资料；养护工程设计、竣工资料等。

3 桥梁主要缺陷及技术状况等级：
（1）基于桥梁定期检查的主要病害描述及技术状况等级评定结论。
（2）基于桥梁试验、检测评定结论。根据实际调查情况描述调查结果，说明病害发展变化情况。

4 桥梁结构检算和病害原因分析：
（1）基于检查、检测、试验成果的原结构检算概况及结论。
（2）依据检算结论，进行病害成因分析。
（3）病害成因不确定因素分析，提出是否需进一步试验、检测。

5 设计要点：
（1）加固设计应符合下列要求：
①设计目标：在现状基础上提高耐久性、提升承载能力、增加刚度、改善受力状态（如减载、降低作用效应、改善应力状态等）、恢复或改善使用功能等。
②设计原则：养护技术选择（技术成熟度、先进性或可靠性、工艺复杂性、施工难易度等）、对原结构的改变程度、施工工期、工程造价、封闭交通时间等相关要素的控制原则。
③设计思路：在遵循设计原则的基础上，通过何种方式、方法、途径达到预期设计目标。
④拆除工程宜进行拆除的必要性分析。

（2）必要的结构计算分析：
①当病害成因分析判断需要时，应列入原设计状态的结构计算内容。
②有必要加固补强或需通过计算确定是否需要进行加固补强时，列入桥梁现状下的结构计算内容。
③以提升承载能力、增大刚度、改善应力状态为目标进行加固补强时，列入针对理论加固效果进行加固后的结构计算内容。
④结构计算应包括：根据竣工资料，复核计算原设计结构；根据桥梁技术状况评价，评估计算目前桥梁承载能力；带入加固设计（推荐、比较）方案，计算加固后桥梁承载能力。桥涵技术状况较好，仅对既有病害进行必要维修时，可不列结构计算内容。

（3）主要构件加固方案及比选：桥梁缺陷构件的加固方法、原理、适应性、可实施性和成熟性，当存在两个或两个以上方案时，应比选后提出推荐方案，比选的主要条件如下：

①方案的效果可靠性,如承载力提高幅度、刚度提高比例等。
②方案的经济合理性,如施工带来的直接和间接经济损益情况。
③方案的技术可行性,如技术成熟性、难易程度等。
④方案的施工便捷性,如工期、可操作性、受交通干扰影响程度及时间等。
(4) 加固效果理论分析评价。
(5) 桥梁结构常见的病害处置措施,如混凝土表面缺陷、钢筋外漏诱蚀、裂缝等。
(6) 其他缺陷的处理措施,或存在缺陷未进行处理的原因说明。
(7) 技术、经济、交通干扰和社会影响等多方面进行设计方案比选。

6 施工要点:

概要说明主要材料选取、施工工艺流程、施工工序等。若需拆除原桥构件,应说明拆除方法、拆除程序和注意事项。

7 施工组织计划:

根据桥梁的施工条件、加固措施的技术特点,概要提出合理的施工组织、交通组织、施工进度及工期安排。

8 工程概算:

给出各方案的概算金额。

9 问题及建议:

提出桥梁加固方案设计存在的不可控因素、施工技术难点、与后期养护有关的问题及建议。

13.5.5 设计图表:

1 图表主要内容:

(1) 工程数量汇总表。
(2) 改建时需桥位平面图。
(3) 原桥总体布置图。图中标示出病害位置、范围,可通过列表、文字说明的方式,反映桥梁主要病害的分布状况。
(4) 加固后总体布置图或改建后总体布置图。存在多方案时,按加固方案不同给出不同的总体布置图。
(5) 主要构件加固一般构造图。
(6) 采用特殊工艺加固构造图。加固工程存在特殊工艺或新工艺、新方法时,须绘图说明。
(7) 交通保畅、临时便道或车辆绕行方案图。
(8) 改建桥梁还应包括路线、路基、路面、交通工程及沿线设施等相关图纸。

2 设计图表基本要求:

(1) 图纸绘制应符合现行《道路工程制图标准》(GB 50162)的规定。
(2) 加固设计图表应表达清晰,内容全面。

13.5.6 桥梁加固方案设计概算格式、组成内容及定额标准应按相关规定执行。概算文件主要由下列内容组成：
1 编制说明。
2 总概算表。
3 人工、主要材料、机械台班数量汇总表。
4 建筑安装工程费计算表。
5 其他工程费及间接费综合费率计算表。
6 工程建设其他费计算表。
7 人工、材料、机械台班单价汇总表。
8 建筑安装工程费计算数据表。
9 分项工程概算表。

13.6 施工图设计文件编制基本内容

13.6.1 设计资质证书、设计委托书等相关能力证明资料复印件。

13.6.2 桥梁加固工程汇总表。列出桥名、中心桩号、路线编号、公路等级、桥梁全长、桥宽、桥跨组合及结构类型、逐部件和整体技术状况等级等。

13.6.3 文件目录。

13.6.4 设计总说明：
1 概述：
（1）桥梁概况：
①桥梁所在线路名称与编号，桥梁名称与编号，桥梁位置及里程桩号。
②桥跨组合及桥长，桥面净空及桥宽，桥梁上、下部结构形式与主要结构采用的材料，桥梁平面布置（正、弯、斜）。
③桥梁设计荷载、设计洪水频率、抗震等级等主要技术参数。
④桥梁开、竣工日期，桥梁设计、施工、监理、建设单位。
⑤桥梁检查、检测、维修、加固历史情况。
⑥桥梁现状主要缺陷描述，当前桥梁交通状况等。
⑦桥梁立面总体照片。
（2）检测、设计经过：
简要说明桥梁检测、方案设计工作过程。
2 方案设计评审意见执行情况：
应对方案设计专家评审意见予以逐条回复。对评审意见遵照执行了的，应详细说明执行情况；对未采纳评审意见的，应详细说明未采纳的理由。

3 设计依据、规范与标准：
（1）桥梁加固项目委托书或合同，纪要或批文，检测报告等。
（2）列出方案设计采用的规范和技术标准，采用的规范须为现行规范，对原结构计算分析时，可借鉴原桥设计年度对应的规范。

4 桥梁主要病害及特殊检查结论：
（1）基于桥梁定期检查的主要病害描述及技术状况等级评定结论。
（2）基于桥梁试验、检测评定结论。

5 桥梁结构检算和病害原因分析：
（1）基于检查、检测、试验成果的原结构检算参数取值、计算方法及结论。
（2）依据检算结论进行病害成因分析。
（3）与方案设计相比病害成因分析有无变化或新的认识。

6 设计要点：
（1）加固设计原则，即加固方案设计应满足的基本条件。
（2）加固设计思路：针对桥梁病害产生原因，说明加固采用方法的机理、力学模式。
（3）主要构件加固构造：主要加固构造的截面尺寸情况，钢筋、钢构件、预应力等构造布置，施工关键技术等。
（4）加固效果理论分析评价：依据结构加固方法和构造，对加固后的承载能力极限状态、正常使用极限状态、稳定性改善提高状态进行评估；拓宽改造的桥梁，改造后通行能力的计算评估。
（5）影响耐久性病害处理：桥梁结构常见的病害处置措施，图示处理方法，明确病害类型、位置、数量。
（6）其他缺陷的处理措施，或存在缺陷未进行处理的原因说明。

7 主要材料的类型，性能指标，应满足的技术标准，材料的试验方法执行标准。

8 施工要点：
（1）加固施工工序流程。
（2）单道工序施工前的准备工作，原结构的处理方式和应满足的技术要求。
（3）单道工序的工艺流程及技术要求。
（4）单道工序施工中的注意事项。
（5）单道工序完成后的养护条件和质量控制标准。
（6）如需拆除旧桥构件，应说明拆除施工工序要点和注意事项。
（7）施工安全与环境保护。

9 根据桥梁的施工条件、加固措施的技术特点，概要提出合理的施工组织、交通组织、施工进度及工期安排。如有必要，尚宜包括下列内容：
（1）施工机具设备、临时施工平台安全、施工人员劳动保护、环境保护等方面的其他要求。
（2）施工过程中隐蔽工程打开后可能存在的问题、注意事项及初步处治建议。

(3) 施工监控要求。

10 工程预算：列出施工预算金额。

11 问题及建议：提出与桥梁施工技术难点、养护有关的问题及建议。对于加固施工技术难度较大的桥，提出施工监控要求，内容包括监控内容、监测断面、关键指标的限值要求。必要时提出进一步详细检查等建议，中长期运营养护建议及后续开展必要长期健康监测的建议等。

12 设计审查会议纪要或批复等文件，附方案设计审查或施工图设计审查会议纪要等文件的复印件。

13.6.5 设计图表：

1 图表主要内容：

(1) 工程数量汇总表。

(2) 桥位平面图。

(3) 原桥总体布置图，图中标示出病害位置、范围，可通过列表、文字说明的方式，反映桥梁主要病害的分布状况。

(4) 加固后总体布置图或改建后总体布置图。

(5) 主要构件加固一般构造图。

(6) 原结构加固前的处置构造图，主要包括构件的局部拆除、表面凿毛、植筋钻孔等。

(7) 主要构件加固钢筋（预应力钢束或钢构件）构造图。

(8) 采用特殊工艺加固构造图：加固工程存在特殊工艺或新工艺、新方法时，须绘图说明。

(9) 构件表面缺陷修复构造图。

(10) 其他构件更换、增设构造图。

(11) 修复、增设防护工程构造图。

(12) 桥梁拆除工序图。

(13) 交通保畅或车辆绕行方案图。

2 设计图表基本要求：

(1) 图纸绘制应符合现行《道路工程制图标准》（GB 50162）的规定。

(2) 加固施工图设计图表应表达清晰、准确，内容全面，满足施工和工程验收要求。

13.6.6 施工图预算文件应单独成册。桥梁加固施工图预算格式、组成内容及定额标准应按相关规定执行。预算文件主要由下列内容组成：

1 编制说明。

2 总预算表。

3 人工、主要材料、机械台班数量汇总表。

4 建筑安装工程费计算表。
5 其他工程费及间接费综合费率计算表。
6 工程建设其他费计算表。
7 人工、材料、机械台班单价汇总表。
8 建筑安装工程费计算数据表。
9 分项工程预算表。

14 加固改造工程验收

14.1 一般规定

14.1.1 桥梁加固改造工程具备验收条件后应及时组织验收。验收方法按交通运输部《公路工程竣(交)工验收办法实施细则》(交公路发〔2010〕65号)和地方交通运输主管部门制定的养护工程验收办法执行。

14.1.2 桥梁加固改造工程验收质量标准按现行《公路养护工程质量检验评定标准》(JTG 5220)、《公路工程质量检验评定标准 第一册 土建工程》(JTG F80/1)和地方交通运输主管部门制定的养护工程质量标准执行。

14.1.3 当加固工程中存在现行标准未涵盖的新材料、新工艺和新技术时,设计应提出相应验收标准,并经主管部门认可。

14.1.4 桥梁加固改造工程一般按一阶段验收执行。对于技术复杂程度高或投资规模较大的桥梁加固改造工程,可按交工验收和竣工验收两阶段执行。验收不合格的,由施工单位负责返修。

14.1.5 对于适用于一阶段验收的桥梁加固改造项目,一般在工程完工交付使用后6个月之内完成验收;对于适用于两阶段验收的桥梁加固改造项目,在工程完工后应及时组织交工验收,一般在加固改造工程质量缺陷责任期满后12个月之内完成竣工验收。

14.1.6 桥梁加固工程质量缺陷责任期一般为6个月,最长不超过12个月,具体时限以合同约定为准。在质量缺陷责任期内,发生施工质量问题的,施工单位应当履行保修义务,并对造成的损失承担赔偿责任。

14.1.7 桥梁加固改造后,其技术状况等级应不低于二类。

14.2 工程验收

14.2.1 公路桥梁加固改造应满足工程验收与评价的基本要求,主要包括项目管理、档案资料、施工控制、质量管理，以及加固后桥梁试验检测等方面的内容。

14.2.2 加固改造工程验收依据主要包括：
1 桥梁加固改造工程计划文件。
2 桥梁加固改造工程合同。
3 批准的设计文件及图纸。
4 批准的变更设计文件及图纸。
5 管理部门的批复文件。
6 工程有关标准、规范及相关规定。

14.2.3 工程验收应当具备下列条件：
1 完成设计文件和合同约定的各项内容。
2 完整的技术档案和施工管理资料。
3 施工单位按相关标准、规范和规定对工程质量自检合格。
4 工程质量缺陷整改完毕。
5 各参建单位按规定完成工作总结报告。
6 开展了监理咨询的，监理单位对工程质量评定为合格，并经项目法人确认。
7 按规定需进行专业检测的，检测机构对工程质量鉴定完毕并出具检测报告。
8 法律、法规、规章规定的其他条件。

14.2.4 对于符合验收条件的桥梁加固改造工程，项目法人应及时向验收单位提出申请。

14.2.5 桥梁加固改造工程质量等级分为合格与不合格。评定为不合格的，必须进行返工，满足设计要求后，方可重新进行检验评定。

14.2.6 桥梁加固改造工程通过验收后，验收结果应及时向交通运输主管部门报告。

14.3 技术要求

14.3.1 混凝土裂缝修补：
1 混凝土裂缝修补应符合下列基本要求：
（1）裂缝修补所用材料的品种、性能、规格等应符合相关技术规范的规定，并满足设计要求。
（2）应按设计要求对混凝土表面进行处理，含水率应与修补材料的使用要求相适应。表面封闭时基面应清洁、密实、坚固；灌胶时裂缝两侧基面应清理出密实新鲜混凝土，表面应清洁、干燥。

（3）在裂缝交叉点、端部及宽度较大处应设灌胶嘴，且在封缝胶固化后应检查其气密性，应无漏气。

（4）修补工艺、顺序应符合设计要求。

2 混凝土裂缝修补实测项目应符合表14.3.1-1、表14.3.1-2的规定。

表14.3.1-1 裂缝表面封闭实测项目

项次	检查项目	规定值或允许偏差	检查方法和频率
1	表面封闭涂敷厚度（μm）	平均厚度≥设计厚度，80%点的厚度>设计厚度，最小厚度≥80%设计厚度	测厚仪：每100m²测10点，且不少于10点，7d后检查
2△	黏结强度（MPa）	在合格标准内	按JTG F80/1—2017附录N检查

注：1. 项次1封闭面积不满100m²的，按100m²处理。
2. "△"为分项工程中对结构安全、耐久性和主要使用功能起决定性作用的检查项目，余同。

表14.3.1-2 裂缝灌浆实测项目

项次	检查项目	规定值或允许偏差	检查方法和频率
1	灌胶嘴间距（mm）	符合设计要求	尺量：抽查10%
2	灌胶压力（MPa）	符合设计要求	压力表读数：全部
3	停胶后持压时间（min）	符合设计要求	计时器：全部
4△	灌缝饱满程度	饱满	观察芯样、压力机：按设计规定，设计未规定时每检验批取3~5个芯样
5△	劈裂抗拉强度（MPa）	符合设计要求	

注：采用相同材料和方法的灌浆裂缝为1个检验批。

3 混凝土裂缝修补外观质量应符合下列规定：

（1）应无漏封闭或漏灌胶的裂缝。

（2）裂缝封闭的表面应平整，无裂缝、脱落，粘贴物表面应无气泡、空鼓。

（3）灌浆嘴应清除，封缝胶应无大块堆积和流挂。

14.3.2 混凝土表面缺损修补：

1 混凝土表面缺损修补应符合下列基本要求：

（1）混凝土或砂浆所用胶黏剂、水泥、砂、石、水和外加剂的品种、规格和质量应符合相关技术规范的规定，并满足设计要求，按试验确定的配合比拌制。

（2）混凝土黏合剂（界面剂）的品种、级别、技术性能指标应符合相关技术规范的规定，并满足设计要求，具有完整的出厂质量合格证明书。

（3）缺陷区域的混凝土应清除至坚实的基层混凝土，凿除深度不得小于缺陷深度及设计要求的深度，边缘处不得为斜坡面。基层混凝土表面应干净、粗糙，不得有疏松碎块。

（4）露筋修补应除锈，并按设计要求涂刷阻锈剂。

（5）修补结合面不得出现开裂。

2 混凝土表面缺损修补实测项目应符合表14.3.2的规定。

表 14.3.2 混凝土表面缺损修补实测项目

项次	检查项目	规定值或允许偏差	检查方法和频率
1△	混凝土或砂浆强度（MPa）	在合格标准内，且不低于基层强度	按 JTG F80/1—2017 附录 D 或附录 F 检查
2	保护层厚度（mm）	+8，−5	钢筋检测仪：抽查30%，每处测3~5点
3	大面积平整度（mm）	≤5	2m 直尺：每处测2尺

注：项次 3 仅当修补面积大于 5m² 时进行检查。

3 混凝土表面缺损修补外观质量应符合下列规定：

（1）修补处应平整、密实。

（2）修补混凝土表面应无空鼓、剥落、宽度超过设计规定或设计未规定时超过 0.2mm 的裂缝。

14.3.3 钢构件表层缺陷维修：

1 现场涂层：

（1）湿膜厚度按《色漆和清漆 漆膜厚度的测定》（GB/T 13452.2—2008）的方法 6 进行，干膜厚度按《色漆和清漆 漆膜厚度的测定》（GB/T 13452.2—2008）的方法 5 进行。

（2）涂料涂层附着力按现行《色漆和清漆 漆膜的划格试验》（GB/T 9286）或《色漆和清漆 拉开法附着力试验》（GB/T 5210）的规定进行，锌、铝涂层附着力按现行《热喷涂 金属和其他无机覆盖层 锌、铝及其合金》（GB/T 9793—1997）的规定确定。

2 初始涂装或重新涂装：

（1）初始涂装或重新涂装应按现行《公路工程质量检验评定标准 第一册 土建工程》（JTG F80/1）的相关规定进行检验。

（2）维护性涂装应对涂层劣化区域进行清理，清理范围、层面应满足设计要求，实测项目应符合表 14.3.3 的规定，其他应符合初始涂装的相关规定。

表 14.3.3 钢结构涂装防护实测项目

项次	检查项目	规定值或允许偏差	检查方法和频率
1	原有涂层处理	满足设计要求	比照板目测：100%
2	总干膜厚度（μm）	满足设计要求；设计未要求时，干膜厚度小于设计值的测点数量不超过10%，任意测点的干膜厚度不小于设计值的90%	按设计要求检查，设计未要求时用测厚仪检查：抽查20%且不少于5件，每10m²测10点，且不少于10点
3△	附着力（MPa）	满足设计要求	按设计要求检查，设计未要求时用拉开法检查：抽查5%且不少于5件，每件测1处

14.3.4 高强螺栓更换：

1 高强螺栓更换应符合下列基本要求：

（1）高强螺栓连接副的规格、质量、扭矩系数应满足设计要求，并符合相关技术规范的规定。

（2）连接零件的材质、规格、质量应满足设计要求。

（3）栓接板面、螺栓孔应干净、干燥、平整，高强螺栓连接摩擦面的抗滑移系数应满足设计要求。

（4）施拧扳手应标定，标定扭矩偏差不得大于使用扭矩的5%。

（5）应按设计要求设置支撑并采取安全措施，高强螺栓连接施拧阶段、施拧顺序应满足设计要求，并符合相关技术规范的规定。

（6）节点板与连接构件板面之间的间隙处理应符合相关技术规范的规定。

2 高强螺栓更换实测项目应符合表14.3.4的规定。

表14.3.4 高强螺栓更换实测项目

项次	检查项目	规定值或允许偏差	检查方法和频率
1	连接点变位（mm）	不允许	全站仪：更换前后对比
2△	高强螺栓终拧扭矩（kN·m）	±10%	扭矩扳手：每螺栓群抽查高强螺栓数量的10%，且不少于2个

3 对于高强螺栓更换外观质量，终拧后高强螺栓外露丝扣应为2~3扣，不符合的不应超过10%，设计另有规定的除外。

14.3.5 植筋：

1 植筋应符合下列基本要求：

（1）所用材料的品种、型号、规格和质量应符合相关技术规范的规定，并满足设计要求。

（2）植筋前应探测原结构内部钢筋位置，钻孔时不应对其造成损伤。

（3）植筋孔位附近的混凝土应密实，无裂缝和疏松层，含水率及施工环境条件应符合胶黏剂的使用要求。

（4）植筋的数量不得少于设计要求，植筋插入锚孔深度不得小于设计深度的95%。植筋间距及植筋至构件边缘距离不得小于构造规定值。

（5）需焊接的植筋应采取降温措施，不得因焊接降低胶黏剂的技术性能。

2 植筋实测项目应符合表14.3.5的规定。

表14.3.5 植筋实测项目

项次	检查项目	规定值或允许偏差	检查方法和频率
1	钻孔直径（mm）	+3,0	尺量：抽查10%，且不少于5根
2	钻孔深度（mm）	+10,0	尺量：抽查10%，且不少于5根
3	钻孔倾斜（°）	≤5	测角仪：抽查10%，且不少于5根
4	孔中心偏位（mm）	±30	尺量：抽查10%，且不少于5根
5△	拉拔力（kN）	在合格标准内	按JTG F80/1—2017附录M检查：抽查2%~3%，且不少于5根

注：项次5的检查频率当采用非破损方法或植筋量小时用高限，采用破损方法或植筋量大时用低限。

3 植筋外观质量应符合下列规定：

（1）锚孔内胶黏剂应饱满。

（2）钢筋表面应无颗粒状或片状老锈及损伤，焊接不得松脱、开焊。

14.3.6 伸缩装置更换：

1 伸缩装置更换应符合下列基本要求：

（1）伸缩装置类型、规格、性能等应符合相关技术规范的规定，并满足设计要求，验收合格后方能安装。

（2）锚固混凝土的品种、性能应符合设计要求。

（3）开槽应符合设计要求，并对原结构影响伸缩装置使用的缺损进行处治。

（4）植筋应按本指南第6.3节的规定检验合格，并按设计要求的构造形式与伸缩装置钢构件牢固连接。

（5）伸缩装置处不得出现积水现象。

2 伸缩装置更换实测项目应符合表14.3.6的规定。

表14.3.6 伸缩装置更换实测项目

项次	检查项目		规定值或允许偏差	检查方法和频率
1△	锚固区混凝土强度（MPa）		在合格标准内	按JTG F80/1—2017附录D检查
2	长度（mm）		±5	钢卷尺：每道
3△	缝宽（mm）		±2	尺量：每道测5处
4	与桥面高差（mm）		2	尺量：伸缩装置两侧各测5处
5	纵坡（%）	一般	±0.5	水准仪：每道测纵向锚固区混凝土5处
		大型	±0.2	
6	平整度（mm）		≤3	3m直尺：每道顺长度方向检查伸缩装置及锚固区混凝土各2尺
7	焊缝尺寸（mm）		满足设计要求	量规：检查全部，每条焊缝检查2处
8△	焊缝探伤		满足设计要求；设计未要求时按焊缝质量二级	超声法：检查全部，每条焊缝全长探伤

注：1. 项次3应按安装时气温折算。
　　2. 表中项目实际工程未涉及时不进行检查。

3 伸缩装置更换外观质量应符合下列规定：

（1）伸缩装置应无渗漏、异常变形、破损、开裂。

（2）锚固混凝土应密实，无空洞、蜂窝、露筋及宽度超过0.2mm的裂缝，且与桥面衔接平顺。

（3）焊缝应成形良好，无裂缝、未熔合、夹渣、未填满弧坑、电弧擦伤、焊瘤等外观缺陷。

（4）伸缩缝内及伸缩装置中应干净，无积土、垃圾等杂物。

14.3.7 排水设施维修：

1 排水设施维修应符合下列基本要求：

（1）排水管、封堵渗漏所用材料的类型、规格和质量应符合相关技术规范的规定，并满足设计要求，排水管安装前应逐节检查，不得有裂缝、破损。

（2）排水管件应安装牢固，固定构造应满足设计要求；管中垃圾应清理干净，管道应无阻塞。

（3）进水口不得高于集水面，防堵塞部件应安装牢靠。

（4）排水设施不得出现渗水、漏水现象，出口处排水不得溅落到桥梁结构上。

（5）桥梁结构、构件内部不得因排水不当而出现积水。

（6）金属构件应按设计要求进行防护处理。

2 排水设施维修实测项目应符合表 14.3.7 的规定。

表 14.3.7 排水设施维修实测项目

项次	检查项目	规定值或允许偏差	检查方法和频率
1	排水管尺寸（mm）	±5	尺量：每类型检查 3 根
2	安装偏位（mm）	≤10	尺量：抽查 10% 管道，且不少于 2 条管道
3	管道坡度（%）	±0.5	水准仪：抽查 10% 管道，且不少于 2 条管道

3 排水设施维修外观质量应符合下列规定：

（1）排水设施应齐全，不得有缺失。

（2）管节铺设应平顺，管路坡度不得出现反坡，管节接头处流水面高差不应大于 2mm。

14.3.8 钢筋混凝土构件增大截面：

1 钢筋混凝土构件增大截面应符合下列基本要求：

（1）混凝土所用水泥、砂、石、水、外加剂及掺料的品种、规格和质量应符合相关技术规范的规定，并满足设计要求，按试验确定的配合比拌制，混凝土的收缩变形应在设计允许范围内。

（2）新增钢筋与原结构钢筋的连接应满足设计要求，植筋应按本指南第 6.11 节进行检验，其他按现行《公路工程质量检验评定标准 第一册 土建工程》（JTG F80/1）相关分项工程进行检验，并且合格。

（3）被增大截面的混凝土构件表面应凿毛，露出新鲜、密实混凝土，表面应清洁、无污垢，凿除深度和粗糙度应符合设计要求，暴露的原有钢筋出现锈蚀影响承载力的应进行除锈处理。

（4）施工顺序及混凝土的养护应满足设计要求。

（5）支架和模板的强度、刚度、稳定性应符合相关施工技术规范的规定。

（6）支架变形及支承的下沉量应满足施工后构件设计高程的要求。

2 钢筋混凝土构件增大截面实测项目应符合表 14.3.8 的规定。

表 14.3.8 钢筋混凝土构件增大截面实测项目

项次	检查项目		规定值或允许偏差	检查方法和频率
1△	混凝土强度（MPa）		在合格标准内	按 JTG F80/1—2017 附录 D 检查
2	断面尺寸（mm）	梁	+10，-5	尺量：每个构件测 3 个断面
		基础	+50，0	
		承台	+30，0	
3	长度（mm）		±10	尺量：每个构件测 2 处
4	顶面或底面高程（mm）		±20	水准仪：测 5 处
5	大面积平整度（mm）		≤8	2m 直尺：每侧面测 1~2 处，测竖向、水平两个方向
6	预埋件（mm）		≤5	尺量：每个预埋件

注：项次 4 在实际工程中未涉及时不检查。

3 钢筋混凝土构件增大截面外观质量应符合下列规定：

（1）增大截面混凝土表面应平整密实，无空洞、蜂窝、露筋及宽度超过设计规定或设计未规定时超过 0.2mm 的裂缝。

（2）新旧混凝土结合面不得出现裂缝，无明显施工接缝。

14.3.9 粘贴钢板：

1 粘贴钢板应符合下列基本要求：

（1）所用的钢板、锚固螺栓、胶黏剂等材料的品种、规格和质量应符合相关技术规范的规定，并满足设计要求。

（2）对原结构、构件的孔洞、蜂窝、裂缝、露筋等缺陷应按设计要求修补，黏合范围内应打毛、清理干净，含水率应满足胶黏剂的使用要求。

（3）钢板粘贴面应按设计要求进行糙化处理，表面平整，不得有折角，粘贴前应清理、擦拭干净。

（4）粘贴施工的环境条件应符合施工技术规范的规定，并满足所用胶黏剂的要求，且应在粘贴界面处理完后设计要求的时间内完成粘贴作业。

（5）锚固螺栓数量不得少于设计数量，锚固螺栓的螺母承压面应与钢板密贴。

（6）胶黏剂厚度、压力注胶时的注胶压力及稳压时间应满足设计要求。

（7）钢板、锚固螺栓应按设计要求进行涂装防护处理。

2 粘贴钢板实测项目应符合表 14.3.9 的规定。

表 14.3.9 粘贴钢板实测项目

项次	检查项目	规定值或允许偏差	检查方法和频率
1△	钢-混凝土黏结正拉强度（MPa）	在合格标准内	按 JTG F80/1—2017 附录 N 检查
2△	粘贴密实度（%）	≥95	超声波、红外线或敲击：抽查 50%

续表14.3.9

项次	检查项目		规定值或允许偏差	检查方法和频率
3	钢板偏位（mm）	横向	≤10	尺量：抽查10%且不少于5块，测钢板中心线处
		纵向	≤20	

3 粘贴钢板外观质量应符合下列规定：
（1）钢板各边缘胶体应饱满，无空洞。
（2）钢板应平直、顺贴，无凹陷、划痕、焊疤，边缘应无毛刺。
（3）钢板、锚固螺栓的防护应无破损。

14.3.10 粘贴纤维复合材料：

1 粘贴纤维复合材料应符合下列基本要求：
（1）所用胶黏剂、纤维复合材料的品种、规格、性能应符合相关技术规范的规定，并满足设计要求。
（2）原结构、构件的孔洞、蜂窝、裂缝等表面缺陷应按设计要求修补，粘贴范围内应无劣化混凝土、浮浆等，表面应平整、干净，折角处应呈平滑曲面，含水率应满足胶黏剂的使用要求。
（3）粘贴施工的环境条件应符合相关施工技术规范的规定，且满足所用胶黏剂的要求。
（4）纤维板材粘贴面应按设计要求进行擦拭，表面应无灰尘、碳粒。
（5）纤维片材应无褶皱及折痕，搭接长度、宽度及多层搭接时的接头间距应满足设计要求。
（6）粘贴面积及层数不得少于设计数量。
（7）胶黏剂厚度、最外层纤维表面浸渍胶黏剂涂刷应满足设计要求。

2 粘贴纤维复合材料实测项目应符合表14.3.10的规定。

表14.3.10　粘贴纤维复合材料实测项目

项次	检查项目		规定值或允许偏差	检查方法和频率
1△	正拉黏结强度（MPa）		在合格标准内	按JTG F80/1—2017附录N检查
2△	空鼓率（%）		≤5，且单个面积≤1 000mm²	红外线或敲击：抽查50%
3	粘贴偏位（mm）	横向	10	尺量：抽查10%且不少于5块，测中心线处
		纵向	20	

3 粘贴纤维复合材料外观质量应符合下列规定：
（1）板材各边缘胶体应饱满无空洞。
（2）片材应无起泡，表面浸渍胶应无漏涂、流挂、起皮。

14.3.11 设置体外预应力：

1 设置体外预应力应符合下列基本要求：

（1）所用预应力筋（束）、锚具、连接器、防护层及防腐填充物等的品种、规格、性能应符合相关技术规范的规定，并满足设计要求，预应力筋（束）展开后应平顺无弯折。

（2）锚固块和转向块所采用的材料和制作应满足设计要求，与原结构构件连接牢固；导向管不得损伤预应力筋（束）及其防护层，弯曲应圆顺。

（3）施工顺序应满足设计要求。

（4）张拉设备应配套标定和使用，并不得超过标定期限和使用次数。

（5）预应力张拉时，混凝土齿板的强度和龄期应符合设计要求，并应严格按设计规定的张拉顺序操作，不得出现滑丝现象。

（6）锚垫板平面应与预应力筋（束）轴线垂直，预应力筋（束）锚固后应采用机械切割，外露长度应符合设计要求。

（7）减振限位装置应夹紧预应力筋（束），并不得改变其线形。

（8）应按设计要求进行锚头和锚固段防护，锚具防护罩应安装牢固，内填油脂充盈。

2 设置体外预应力实测项目应符合表 14.3.11 的规定。

表 14.3.11 设置体外预应力实测项目

项次	检查项目		规定值或允许偏差	检查方法和频率
1	筋（束）坐标（mm）	构件长方向	±30	尺量：抽查 30% 筋（束）的各锚固点和转向点
		构件横方向	±10	
		构件高方向	±10	
2△	张拉力（kN）		满足设计要求	查油压表读数：全部
3△	张拉伸长率（%）		满足设计要求，设计未要求时 ±6	尺量：全部
4	断丝数	钢束	每束 1 根，且每断面不超过钢丝总数的 1%	目测：每根（束）
		钢筋	不允许	
5	减振装置、限位器纵向间距（mm）		±100	尺量：抽查 20%

3 设置体外预应力外观质量应符合下列规定：

（1）预应力筋（束）的防护层应无裂纹、损伤。

（2）预应力筋（束）与导向管、限位器间的橡胶垫块（圈）不应出现缺失、破损、松动。

14.3.12 钢管混凝土拱外包混凝土：

1 钢管混凝土拱外包混凝土应符合下列基本要求：

（1）混凝土所用水泥、砂、石、水、外加剂及掺合料的品种、规格和质量应符合相关技术规范的规定，并满足设计要求，按试验确定的配合比拌制。

（2）钢管表面处理及连接构造应符合设计要求。

（3）应按设计要求的施工顺序，分层、对称地浇筑钢管拱外包混凝土。

（4）浇筑混凝土过程中应对拱肋变形进行观测，拱肋变形应控制在允许范围内。

2 钢管混凝土拱外包混凝土实测项目应符合表14.3.12的规定。

表14.3.12 钢管混凝土拱外包混凝土实测项目

项次	检查项目		规定值或允许偏差	检查方法和频率
1△	混凝土强度（MPa）		在合格标准内	按JTG F80/1—2017附录D检查
2	轴线偏位（mm）	L≤60m	10	全站仪：测5处
		L>60m	L/6 000，且不超过50	
3	拱肋高程（mm）		±L/3 000，且不超过±50	水准仪：测拱脚、1/4跨、3/4跨、拱顶等5处
4△	对称点高差（mm）		L/3 000，且不超过40	水准仪：对称点测10处

注：L为跨径，计算规定值或允许偏差时以mm计。

3 钢管混凝土拱外包混凝土外观质量应符合下列规定：

（1）混凝土表面应平整、密实，无空洞、蜂窝、露筋及宽度超过设计规定或设计未规定时超过0.2mm的裂缝，无明显施工接缝。

（2）拱的线形应顺畅，无折弯。

14.3.13 混凝土盖梁、台帽维修：

1 混凝土盖梁、台帽维修应符合下列基本要求：

（1）既有混凝土盖梁、台帽的缺陷处治应满足设计要求。

（2）其他要求同本指南第14.3.8条的规定。

2 混凝土盖梁、台帽维修实测项目应符合表14.3.13-1、表14.3.13-2的规定。

表14.3.13-1 接长与加宽盖梁、台帽实测项目

项次	检查项目	规定值或允许偏差	检查方法和频率
1△	混凝土强度（MPa）	在合格标准内	按JTG F80/1—2017附录D检查
2	断面尺寸（mm）	+20，0	尺量：测3个断面
3	轴线偏位（mm）	≤10	全站仪：纵、横各测量2点
4	顶面高程（mm）	±10	水准仪：测5处
5	支座垫石预留位置（mm）	10	尺量：每个
6	剪力槽（mm）	符合设计要求	尺量：抽查30%

表14.3.13-2 增设或更换挡块实测项目

项次	检查项目	规定值或允许偏差	检查方法和频率
1△	混凝土强度（MPa）	在合格标准内	按JTG F80/1—2017附录D检查
2	平面位置（mm）	≤10	全站仪：抽查50%，测中心线两端
3	断面尺寸及高度（mm）	±10	尺量：抽查50%，每块测1个断面尺寸、2处高度
4	与梁体间隙（mm）	±5	尺量：每块测两侧各1处

3 混凝土盖梁、台帽维修外观质量应符合下列规定：

（1）混凝土表面应平整密实，无空洞、蜂窝、露筋及宽度超过设计规定或设计未规定时超过0.2mm的裂缝。

（2）新旧混凝土结合面不得出现裂缝，应无明显施工接缝。

14.3.14 混凝土桩身修补：

1 混凝土桩身修补应符合下列基本要求：

（1）修补所用水泥、砂、石、水、外加剂及掺合料、灌浆料的种类、规格和质量应满足设计要求，并符合相关技术规范的规定。

（2）应清除桩身混凝土表面的松动石子、浮浆、污物，并对锈蚀钢筋除锈；清理后的混凝土表面应坚实、粗糙。

（3）水下混凝土或灌浆料应连续灌注，不得出现断层。

（4）桩身的新旧混凝土应连接紧密。

（5）钢护套的强度、刚度、水密性应满足混凝土或灌浆料的灌注和成形要求。

2 混凝土桩身修补实测项目应符合表14.3.14的规定，植筋应符合表14.3.5的规定。

表14.3.14 混凝土桩身修补实测项目

项次	检查项目	规定值或允许偏差	检查方法和频率
1△	混凝土或灌浆料强度（MPa）	在合格标准内	按JTG F80/1—2017附录D或附录F检查
2	修补后桩身直径及修补长度（mm）	不小于设计值	尺量：逐桩检查，直径和修补长度各量2处，直径每处量相互垂直两个方向

3 混凝土桩身修补外观质量，修补桩身的表面应平整、密实，不得出现露筋和空洞。

15 加固工程实例

15.1 增大截面加固法

15.1.1 多肋式双曲拱桥加固。

1 桥梁概况：

某双曲拱桥总长75.4m，建成于1982年，设计荷载汽—15级，挂—80。桥梁净跨径为50m，净矢高8.33m，矢跨比1/6。主拱圈由5肋4波组成，拱肋为"凸"字形截面，底宽50cm，总高40cm，相邻拱肋中心距195cm，拱波净跨径145cm，净矢高72.5cm，厚度15cm，拱波混凝土现浇层厚度15cm，原桥跨中横断面如图15.1.1-1所示。

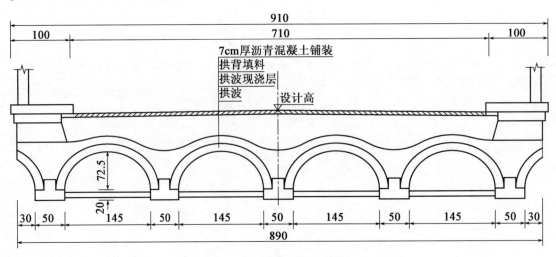

图15.1.1-1 原桥跨中横断面（尺寸单位：cm）

拱肋间采用横隔板和横系梁形成横向联系，主拱圈共设置5道横隔板、6道横系梁，横隔板为厚15cm、高40cm矩形截面，横系梁为10cm×10cm正方形截面。

拱上建筑为拱式腹孔，每侧设置4跨净跨径3.3m腹孔，边腹孔为三铰拱。实腹段长21m，拱上侧墙为浆砌片石，拱背碎石土填充。

桥面铺装为7cm厚沥青混凝土，混凝土预制块人行道，牛栏式栏杆。

桥台处基岩出露，基础置于基岩之上。

2 主要病害：

（1）主拱圈：

拱肋的病害主要表现为局部渗水侵蚀、混凝土剥落、钢筋锈蚀等表观缺损，边肋缺损面积明显大于中肋;实测各拱肋下缘线与理论线形比较,存在局部偏差,拼接头处存在小于2cm的错台。

拱波的损伤主要表现为混凝土的渗水侵蚀、各拱波拱顶纵向开裂,开裂长度3~8m,纵向位置分布随机。拱波拱脚处与主拱肋结合面存在多处离缝现象。

(2) 部分横向联系与拱肋相交处开裂,在渗漏水处混凝土剥落、钢筋锈蚀。

(3) 腹孔的主要病害为渗漏水及混凝土侵蚀。

(4) 桥面铺装破坏严重,防排水功能丧失。

(5) 除桥台侧墙渗漏水外,桥台及基础完好。

依据桥梁外观缺损状况,桥梁技术状况等级评定为3类。

3 维修加固目标:

(1) 桥梁的设计荷载等级满足公路—Ⅱ级。

(2) 提高整体性,修补缺损。

(3) 改造桥面系,完善防排水功能。

4 加固方法:

(1) 加固构造:

混凝土外包拱肋,增大拱肋截面,提高拱肋与拱波共同工作性能,拱肋外包的立面如图15.1.1-2所示,横断面如图15.1.1-3所示。

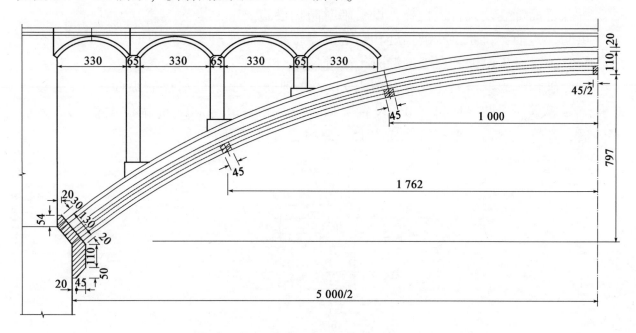

图15.1.1-2 拱肋外包立面图(尺寸单位:cm)

拱肋外包混凝土厚度按15cm厚度控制设计,由于拱肋的局部竖向变形,底板厚度按20cm厚度设计,施工时保证最小厚度15cm,调整底板的厚度,使外包后下缘线形顺适。

外包拱肋同时增设5道横系梁,提高横向联系。依据原横系梁的位置,确定新增横系梁的设置位置,如图15.1.1-2所示,横系梁为40cm×45cm矩形截面。

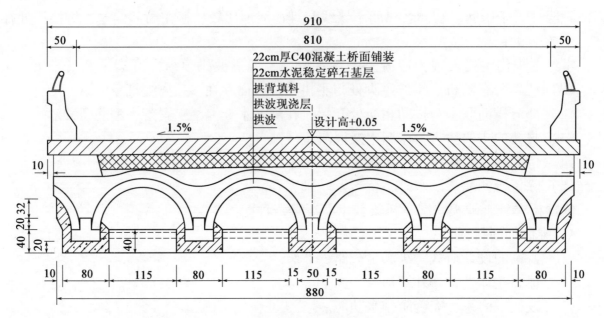

图 15.1.1-3 拱肋外包跨中横断面图（尺寸单位：cm）

为满足拱肋外包混凝土内钢筋与拱座的连接，提高拱脚处的固结性能，在拱座处矩形混凝土外包。

（2）加固前处理：

拆除桥面铺装及人行道栏杆，设置临时防护设施。

拱肋外包前，对原拱肋破损处和新老混凝土结合面处凿毛。须对原拱肋破损、裂缝进行修复，已发生腐蚀和层裂的混凝土必须凿除。

拱肋破损、裂缝修复完成后，植入 Z1、Z2 钢筋，Z1 钢筋沿拱肋纵向每 1.0m 设置 1 根，Z2 钢筋沿拱肋纵向每 2.0m 设置 1 根，与 Z1 钢筋间隔 0.5m 错位设置，Z2 钢筋穿入后，端部直弯钩。植筋构造如图 15.1.1-4 所示。

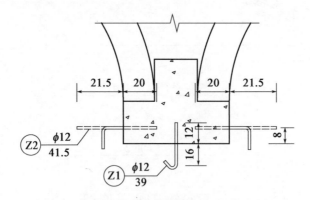

图 15.1.1-4 拱肋外包前植筋构造图（尺寸单位：cm）

拱座外包前，在拱肋拱脚两侧植入 Z3 钢筋，与外包混凝土内 N2 钢筋焊接连接，在拱座下侧植入 Z2 和 Z3 钢筋，形成牛腿，以抵抗外包混凝土后的剪力增量和外包混凝土内 N1 钢筋的锚固。拱肋外包前处理构造如图 15.1.1-5 所示。

（3）外包拱肋钢筋构造：

拱肋外包增大拱圈截面面积，提高拱肋与拱波共同工作性能。钢筋构造如

图 15.1.1-6 所示，N1 钢筋是受力主筋，增设钢筋提高拱肋抗弯强度。新增横系梁处的钢筋构造如图 15.1.1-7 所示。拱肋植筋（图中未示）与钢筋焊接连接。

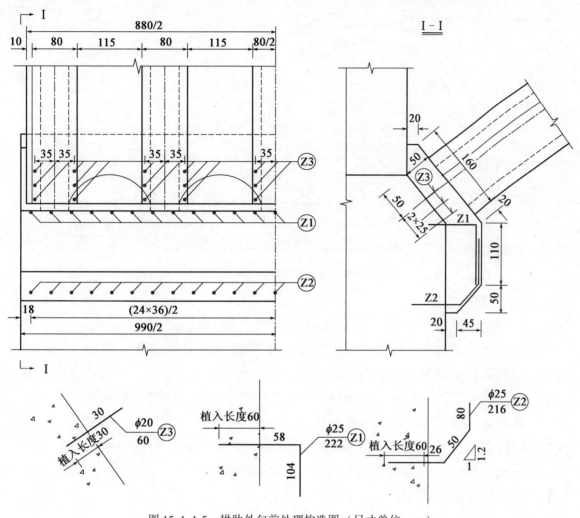

图 15.1.1-5 拱肋外包前处理构造图（尺寸单位：cm）

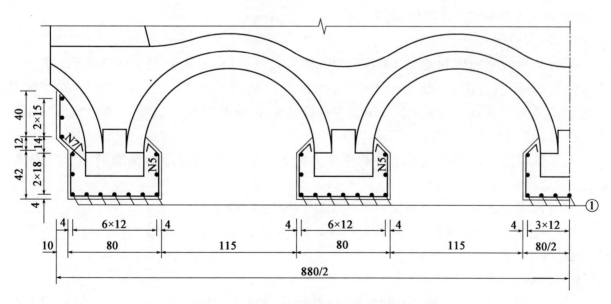

图 15.1.1-6 拱肋外包钢筋构造图（尺寸单位：cm）

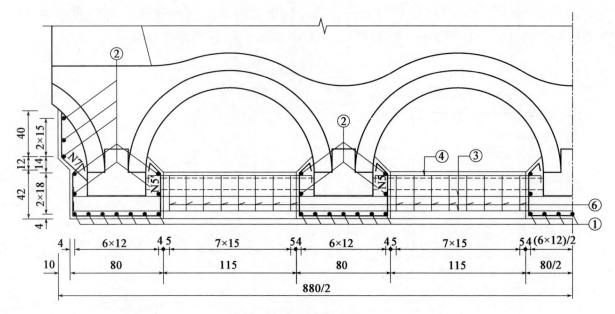

图 15.1.1-7 新增横系梁截面钢筋构造图（尺寸单位：cm）

5 外包混凝土施工：

（1）拱座外包混凝土浇筑，预埋拱肋内的 N1、N2 钢筋。

（2）搭设支架，按混凝土湿重的 120% 对支架预压，消除非弹性变形。

（3）绑扎钢筋，调整底模板线形。

（4）由拱脚向拱顶，两侧对称同步，浇筑 1、3、5 号拱肋外包混凝土。

（5）浇筑 2、4 号拱肋外包混凝土。

（6）外包混凝土合龙段设置在拱顶，合龙段长度 2.0m，采用微膨胀混凝土。

（7）混凝土强度达到设计强度的 100%，拆除支架。

（8）浇筑桥面系混凝土。

15.1.2 双肋单波双曲拱桥加固。

1 桥梁概况：

某双肋单波双曲拱桥总长 88.6m，桥面净空为 1.0m（人行道）+ 7.0m（机动车道）+ 1.0m（人行道），建成于 1980 年，设计荷载汽—20 级，挂—100。桥梁净跨径为 60m，净矢高 10.0m，矢跨比 1/6。主拱圈由双肋单波组成，拱肋为箱形截面，主拱圈横断面如图 15.1.2-1 所示。

为降低自重，横向联系采用预制栅栏式横系梁，与预制箱梁的预埋钢板焊接连接，共设 11 道横系梁。

拱背现浇层将箱形拱肋和拱波形成整体，厚度为 17cm。

拱上建筑为空腹式构造，两侧各设 4×4.2m 拱式腹孔，腹孔墩为现浇混凝土结构，墩的宽度统一为 70cm。

2 主要病害：

（1）建桥时，为节约材料和降低吊装重量，设计拱肋截面尺寸偏小，箱形拱肋压应力接近限值。

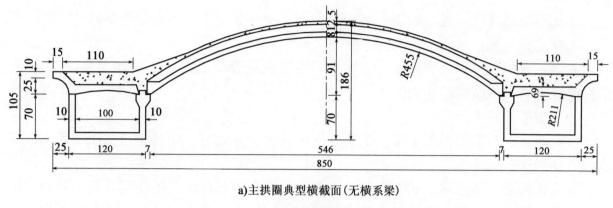

a)主拱圈典型横截面(无横系梁)

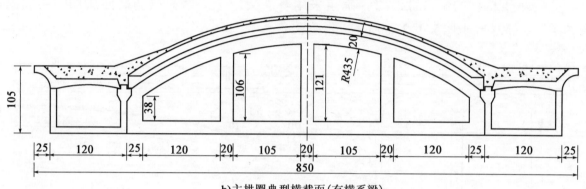

b)主拱圈典型横截面(有横系梁)

图 15.1.2-1　双肋单波双曲拱典型横断面（尺寸单位：cm）

（2）拱波在竖向荷载作用下，产生横桥向水平推力。系梁与箱肋、拱波之间的连接薄弱，仅在四个角点上各有4根钢筋与预埋在横系梁角点处的钢板焊接，且存在钢板锈蚀现象；部分预埋钢板位置偏差，焊缝长度不足。横桥向水平推力可导致主拱肋面外失稳。

（3）拱肋在拱座处嵌固不足，拱肋的钢筋未伸入拱座，拱脚处拱肋与拱座接触不密贴，仅为点接触或线接触，实际工作状态与按无铰拱的设计计算图式不符。

3　维修加固目标：

（1）桥梁的设计荷载等级满足公路—Ⅱ级。

（2）拱脚处外包混凝土，拱脚处形成可靠的固结状态。

（3）提高拱肋间的横向联系，抵抗拱波产生的横桥向水平推力。

4　加固方法：

（1）加固方案确定：

基于双肋单波双曲拱桥的构造缺陷，增大箱形拱肋的截面，降低原拱肋在活载作用下的压应力增量；增强拱肋的横向联系；固结拱脚。

桥梁跨径较大，拱肋处于高应力状态；拱肋腹板厚度10cm，增设横向联系在原拱肋上生根困难；原横系梁钢板焊接处已锈蚀，补焊难度和风险较大。因此，加固施工过程中对原结构不增加荷载，对高应力状态的原拱肋不进行破坏和损伤，如腹板钻孔、开凿等。

按此原则形成以下五个加固方案，其中有支架方案三个，无支架方案两个：

①有支架方案：

方案一，拱波内衬拱加固法；方案二，增设现浇混凝土L形拱肋加固法；方案三，钢筋混凝土增大拱肋截面加固法。

②无支架方案：

方案四，开口钢箱混凝土增大拱肋截面加固法；方案五，闭口钢箱二次成形增大拱肋截面加固法。

综合比较后，考虑施工的安全性、工期、可实施性和加固后的使用效果，同时考虑桥梁主要承重构件的耐久性改善，确定采用有支架施工，增大拱肋截面法加固，加固构造如图15.1.2-2～图15.1.2-4所示。

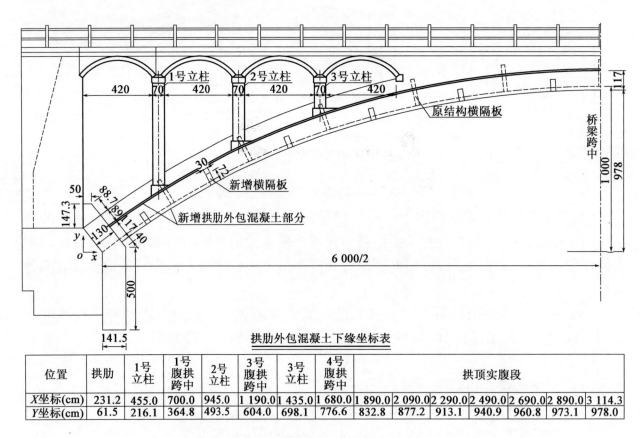

拱肋外包混凝土下缘坐标表

位置	拱肋	1号立柱	1号腹拱跨中	2号立柱	2号腹拱跨中	3号立柱	3号腹拱跨中	4号腹拱跨中	拱顶实腹段					
X坐标(cm)	231.2	455.0	700.0	945.0	1 190.0	1 435.0	1 680.0	1 890.0	2 090.0	2 290.0	2 490.0	2 690.0	2 890.0	3 114.3
Y坐标(cm)	61.5	216.1	364.8	493.5	604.0	698.1	776.6	832.8	877.2	913.1	940.9	960.8	973.1	978.0

图15.1.2-2 增大截面加固立面图（尺寸单位：cm）

（2）拱座及拱座基础处理：

为保证新增截面内钢筋在拱座处的锚固长度，同时加强原结构主拱圈的拱脚约束，对原拱脚处的拱座及基础进行相应的外包增大处理。其中，拱座新增厚度为130cm，新增拱座基础的顺桥向尺寸为141.5cm，拱座及其基础的横桥向尺寸与原结构尺寸相同，即均为8.5m。新增拱座及基础内布置直径12mm的钢筋网，并通过种植钢筋与原结构拱座和基础相连接。

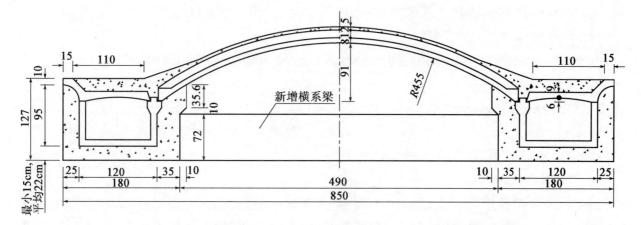

图 15.1.2-3 增大截面加固增设横系梁处横截面（尺寸单位：cm）

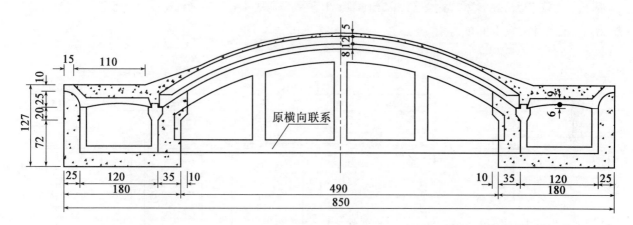

图 15.1.2-4 增大截面加固原横向联系处横截面（尺寸单位：cm）

(3) 主拱肋外包：

主拱肋采用 U 形截面外包加大拱肋截面，底板厚度增加 22cm，两侧腹板厚度分别外侧增加 25cm、内侧增加 35cm。外包混凝土设置钢筋网，纵向钢筋为直径 20mm 的 HRB335 钢筋，与原结构的连接钢筋为直径 12mm 的 HRB335 钢筋，箍筋为直径 10mm 的 HPB235 钢筋。

(4) 增设横系梁：

由于原结构的横向联系连接较弱，在原结构相邻两道横向联系之间增设一个新的横系梁。新增横系梁厚度为 30cm，高度为 72cm，横系梁配置直径 20mm 的横向主筋、直径 12mm 的分布钢筋和直径 10mm 的箍筋。其中，主筋和分布钢筋均锚入新增内侧腹板混凝土内。

5 加固施工：

外包混凝土采用满堂支架整体现浇，由拱脚向拱顶两侧对称同步浇筑，在新浇混凝土成拱前，混凝土的湿重使支架产生变形（包括支架的弹性变形和非弹性变形）。支架变形后，新浇混凝土的自重作为恒载作用在原结构上，使原拱肋的应力增加，拱肋产生变形，因此需严格控制支架变形。

支架变形的控制方式为：

(1) 支架搭设完成后，按新浇混凝土自重线集度的100%对支架预压。
(2) 调整低模板的线形。
(3) 浇筑混凝土，按混凝土浇筑的重量，边浇筑边等重量卸载。

15.2 体外预应力加固法

15.2.1 预应力简支T梁加固。

1 桥梁概况：

S308线某跨汉江公路大桥，1970年建成通车，桥长562m，设计荷载等级为汽—13级、拖—60，人群荷载350kg/m²。上部结构主梁为后张预应力混凝土简支T梁，T梁预制长度32.95m，计算跨径31.96m，行车道净宽9.1m，人行道宽1.75m。上部结构横断面如图15.2.1-1所示。

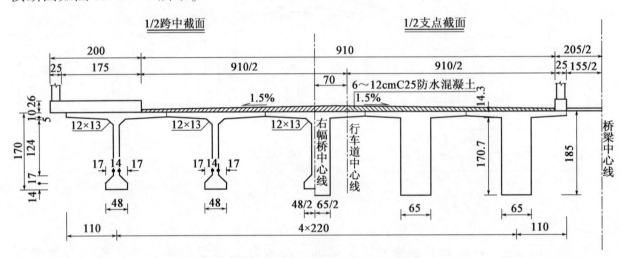

图15.2.1-1 上部结构横断面构造（尺寸单位：cm）

T梁翼板宽度为220cm，梁高170cm，跨中腹板宽度为14cm，梁端腹板宽度为65cm。上部结构为横向5片T梁，在支点处设置端横隔板，主梁之间在翼板处铰接，组成无中间横隔梁体系。梁体为400号混凝土（旧规范），边梁混凝土方量22.4m³，中梁22.69m³。

2 主要病害、技术状况承载能力检算：

（1）上部结构主要病害：

上部结构的损伤主要表现为：

①T梁腹板混凝土的渗水侵蚀、开裂和局部剥落、钢筋外露锈蚀。T梁混凝土的渗水侵蚀、开裂和局部剥落、钢筋外露锈蚀主要出现在边梁的外侧腹板、端头处，并具有普遍性。此类损伤主要与桥面积水沿人行道板底部雨水下渗有关。

②翼板混凝土开裂。混凝土裂缝主要出现在T梁 L/8 附近，表现为翼板下缘混凝土横桥向开裂，裂缝从翼板边缘向内近于横桥向延伸、扩展，并伴随渗水侵蚀现象。

③铰缝开裂及渗水损伤。铰缝渗水侵蚀的部位与桥面铺装混凝土纵桥向开裂有关，

铰缝开裂处与桥面纵向裂缝有垂向上的位置对应关系。此类病害反映了 T 梁的横向联系较为薄弱，在车辆荷载作用下 T 梁之间存在差异变形。

④梁端横隔板的损伤表现为竖向开裂、混凝土剥落和钢构件外露锈蚀。其中边梁与次边梁之间的横隔板损伤较为严重。在伸缩缝处，渗漏水作用导致横隔板连接钢构件发生锈蚀，加速混凝土开裂和剥落。

桥梁支座固定端为弧形钢板支座，滑动端为混凝土摆柱支座，除钢板轻微锈蚀外，未见影响其功能的明显损伤。

（2）技术状况评定：

在对各构件检查的基础上，依据《公路桥梁技术状况评定标准》（JTG/T H21—2011）进行评分计算，桥梁上部结构得分 50.06 分，下部结构得分 85.32 分，桥面系结构得分 63.21 分。

桥梁总体的技术状况评分为 66.79 分，得分区间属于 3 类。上部结构主梁属于主要部件，按照桥梁主要部件最差的缺损状况进行评定，由于桥梁上部结构评分达到 4 类，因此，桥梁的技术等级综合评定为 4 类。

（3）荷载试验结论：

①应变校验系数。在汽—13 级荷载加载的试验工况下，控制截面测点的实测拉应变值小于其理论计算值，校验系数变化于 0.70~0.85，应变校验系数满足要求。在公路—Ⅱ级荷载加载的试验工况下，控制截面测点的校验系数变化于 0.77~1.02，部分测点的校验系数大于 1.0，不满足要求。

②挠度校验系数。在汽—13 级荷载加载的试验工况下，控制截面测点的实测挠度值小于理论计算值，校验系数变化于 0.67~0.87，满足要求。在公路—Ⅱ级荷载加载的试验工况下，试验控制截面测点的挠度实测值与其理论计算值接近，挠度校验系数变化于 0.83~1.04，部分测点的实测值大于理论计算值，挠度校验系数不满足要求。

③残余系数。相对残余变位（或应变）系数在 5%~16%，不大于 20%，满足要求。

④自振频率。实测桥跨结构的一阶竖弯自振频率为 3.42Hz，大于理论计算值 3.221Hz，桥跨结构的总体刚度较好。

（4）承载能力检算各系数取值：

①承载能力检算系数 Z_1 值的确定：

根据《公路桥梁承载能力检测评定规程》（JTG/T J21—2011）第 7.7.1 条的规定，圬工与配筋混凝土桥梁，应综合考虑桥梁结构或构件表观缺损状况、材质强度和桥梁结构自振频率等的检测评定结果，承载能力检算系数评定标度 D 为：

$$D = \sum \alpha_j D_j = 0.4 \times 3 + 0.3 \times 2 + 0.3 \times 1 = 2.1$$

当 $D = 2.1$ 时，线性内插 $Z_1 = 1.1$。根据静力荷载试验校验系数，按《公路桥梁承载能力检测评定规程》（JTG/T J21—2011）第 8.3.3 条的规定，得到的检算系数 $Z_2 = 1.0$，以 Z_2 代替 Z_1，承载能力检算系数取 1.0。

②承载能力恶化系数 ξ_e 的确定：

依据检测结果，恶化状况评定标度 E 按式（15.2.1-1）计算：

$$E = \sum_{j=1}^{7} E_j a_j \qquad (15.2.1\text{-}1)$$

根据恶化状况评定标度 $E=1.32$ 及桥梁所处的环境条件，确定配筋混凝土桥梁的承载能力恶化系数 ξ_e，桥位处环境条件按干、湿交替不冻无侵蚀性介质考虑，取 $\xi_e = 0.03$。

③截面折减系数 ξ_c、ξ_s 的确定：

圬工与配筋混凝土桥梁结构或构件的截面折减系数评定标度依据材料风化、碳化、物理与化学损伤等三项检测指标确定。根据检查结果，主梁截面折减系数 $\xi_c = 0.98$，未检测到预应力钢束腐蚀现象，钢筋的截面折减系数 $\xi_s = 1.00$。

④活载影响修正系数 ξ_q 的确定：

根据典型代表交通量、大吨位车辆混入率和轴荷分布情况，按式（15.2.1-2）确定活载影响修正系数 ξ_q。

$$\xi_q = \sqrt[3]{\xi_{q1}\xi_{q2}\xi_{q3}} \qquad (15.2.1\text{-}2)$$

根据近年来的设计运营状况，对通行车辆进行调查和分析，取 $\xi_q = 1.063$。

（5）计算模型：

根据桥梁结构形式，采用有限元通用程序进行空间结构的建模与分析。建立一孔模型，上部结构主梁共划分为322个单元、251个节点，结构离散模型如图15.2.1-2所示。

图15.2.1-2　结构有限元模型

支座采用一般支撑模拟，桥面板在翼板处铰接。边界条件如图15.2.1-3和图15.2.1-4所示。

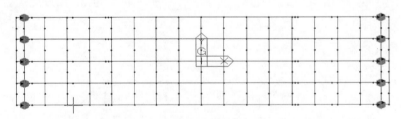

图15.2.1-3　边界模拟示意

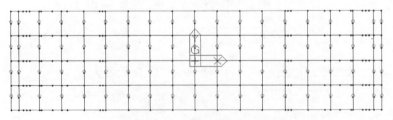

图15.2.1-4　桥面板铰接示意

（6）汽车荷载内力计算结果：

汽—13级冲击系数按原设计规范计算为0.096，公路—Ⅱ级成桥状态下结构基频为3.221Hz，冲击系数为 $\mu = 0.1767 \times \ln3.221 - 0.0157 = 0.191$，跨中弯矩及支座剪力见表15.2.1-1。

表15.2.1-1 跨中弯矩及支座剪力

荷载等级	梁号	5	4	3	2	1
汽—13级	支座剪力（kN）	170.9	285.1	249.3	250.4	331.5
	跨中弯矩（kN·m）	897.5	1 056.2	1 035.4	1 144.7	1 232.1
公路—Ⅱ级	支座剪力（kN）	196.5	441.5	369.6	379.4	503.9
	跨中弯矩（kN·m）	1 141.7	1 536.4	1 507.4	1 663.0	1 811.8

汽车荷载效应增量见表15.2.1-2。

表15.2.1-2 汽车荷载效应增量

梁号	5	4	3	2	1
支座剪力	14.98%	54.86%	48.26%	51.52%	52.01%
跨中弯矩	27.21%	45.46%	45.59%	45.28%	47.05%

由计算结果可知，公路—Ⅱ级较汽—13级荷载效应增量分别为：剪力效应增加最大55%，弯矩效应最大增加47%。

（7）荷载组合：

按汽—13级荷载计算，并考虑人群荷载，恒载包括梁体自重及二期恒载，将各项内力进行基本组合和短期效应组合，内力及组合结果见表15.2.1-3和表15.2.1-4。二期荷载按平均6cm考虑。

表15.2.1-3 汽—13级荷载内力计算结果

截面位置	梁体自重		二期恒载		活载	
	弯矩	剪力	弯矩	剪力	弯矩	剪力
	kN·m	kN	kN·m	kN	kN·m	kN
支点	0	262.9	0	52.2	0	331.5
跨中	1 950	0	412.7	0	1 232.1	0

表15.2.1-4 汽—13级荷载组合结果

截面位置	基本组合		作用频遇组合		作用准永久组合	
	弯矩	剪力	弯矩	剪力	弯矩	剪力
	kN·m	kN	kN·m	kN	kN·m	kN
支点	0	843.9	0	526.8	0	436.1
跨中	4 574.1	0	3 149.6	0	2 812.4	0

车辆荷载按公路—Ⅱ级车道荷载计算，并考虑人群荷载，恒载包括梁体自重及二期恒载，内力及组合结果见表15.2.1-5和表15.2.1-6。考虑桥面系的改造，二期铺装按

平均 15cm 考虑。

表 15.2.1-5 公路—Ⅱ级荷载内力计算结果

截面位置	梁体自重		二期恒载		活载	
	弯矩	剪力	弯矩	剪力	弯矩	剪力
	kN·m	kN	kN·m	kN	kN·m	kN
支点	0	262.9	0	130.5	0	503.9
跨中	1 950.0	0	1 031.8	0	1 811.8	0

表 15.2.1-6 公路—Ⅱ级荷载组合结果

截面位置	基本组合		作用频遇组合		作用准永久组合	
	弯矩	剪力	弯矩	剪力	弯矩	剪力
	kN·m	kN	kN·m	kN	kN·m	kN
支点	0	1 177.54	0	689.6	0	562.6
跨中	6 114.68	0	4 046.7	0	3 590.3	0

汽—13级与公路—Ⅱ级组合效应比较见表 15.2.1-7。

表 15.2.1-7 组合效应内力增量

截面位置	基本组合		作用频遇组合		作用准永久组合	
	弯矩	剪力	弯矩	剪力	弯矩	剪力
	kN·m	kN	kN·m	kN	kN·m	kN
支点		39.54%		30.90%		29.01%
跨中	33.68%		28.48%		27.66%	

（8）原桥承载能力计算：

依据原桥施工任务设计图，T 梁的预应力钢束采用 55 根 φ5mm 的高强钢丝，极限强度 15 000kg/cm² （1 500MPa）。

T 梁的有效分布宽度为：

$$b = 1\,900/2 + 140/2 + 6 \times (100 + 150)/2 = 1\,770\text{mm}$$

受压区高度为：

$$x = \frac{750 \times 4\,318.6 + 6 \times 78.5 \times 195 - 10 \times 78.5 \times 195}{20.5 \times 1\,770}$$

$$= 87.6\text{mm} < 125\text{mm}（翼板平均厚度）$$

所以受压区全部位于翼缘内。

预应力钢筋与非预应力钢筋合力作用点到截面底缘的距离为 104.42mm。

按正截面强度计算公式，考虑对计算系数的修正，跨中截面抗力 $M_u = 5\,264.34\text{kN·m}$。

由表 15.2.1-5 和表 15.2.1-6 跨中截面内力基本组合可知，抗力与荷载效应的关系为：

$$4\,574.1\text{kN·m} < M_u = 5\,264.34\text{kN·m} < 6\,114.68\text{kN·m}$$

依据跨中截面正截面强度，该桥主梁满足汽—13级荷载要求，但不满足公路—Ⅱ级荷载要求。

3 体外预应力加固设计：

(1) 体外束配束估算：

①有限元模型：

在汽车荷载作用下，根据荷载横向分配特性，内侧边梁荷载横向分配系数最大，选取内边梁作为加固分析对象。

②体外预应力钢束面积估算：

根据跨中截面正截面抗裂性的要求，确定预应力钢束的数量，在公路—Ⅱ级作用下，对于全预应力构件，所需的有效预加力按式（15.2.1-3）计算：

$$N_{pe} \geq \frac{M_s/W}{0.85\left(\frac{1}{A} + \frac{e_p}{W}\right)} \tag{15.2.1-3}$$

计算可得 $N_{pe} \geq 3\,514.4\,kN$。

原T梁预应力损失及松弛按40%估计，同时计入施加体外预应力后，梁体压缩，体内预应力损失5%，合计按45%考虑。加固后原梁体内预应力钢束的预加力为：

$$N_{体内} = (4 \times 55 \times 19.63 \times 1\,500 \times 0.7) \times 0.55 = 2\,494.0\,kN$$

扣除体内预应力钢筋的预加力，体外预应力拟采用 $\phi^j 15.2$ 钢绞线，其抗拉强度标准值为 $f_{pk} = 1\,860\,MPa$，张拉控制应力为 $\sigma_{con} = 0.65 f_{pk}$，体外预应力各项损失按控制应力的25%估算，所需预应力钢绞线的根数为：

$$n = \frac{N_{pe} - N_{体内}}{140 \times 0.75 \times 1\,860 \times 0.75} = 6.97\ 根$$

设计采用两束 $4\phi^j 15.2$ 钢绞线，钢绞线面积 $140mm \times 8mm = 1\,120mm^2$。体外预应力钢束采用双层无黏结环氧喷涂钢绞线。体外预应力钢束由水平钢束和斜钢束组成，在 $L/4$、$3L/4$ 处设转向块，在梁端锚固，锚固通过腹板钻孔，对拉螺栓固定锚座。为了提高支点处的抗剪强度和锚固性能，在梁端 2.5m 范围进行外包混凝土增大截面加固，水平钢束在梁底设两道减振块。体外预应力钢束布置如图15.2.1-5所示。

③承载力极限状态验算：

(a) 正截面抗弯验算：

施加体外预应力加固，加固后边梁跨中截面抗弯承载力 $M_u = 7\,075.6\,kN\cdot m$，由正截面抗弯承载力包络图可知，各个截面验算结果均满足承载力要求。

(b) 斜截面抗剪强度验算：

体外预应力对构件抗剪承载力有利，体外预应力筋的水平分力和竖向分力均能提高梁的抗剪承载力，体外预应力混凝土结构斜裂缝出现后至破坏，混凝土受压区塑性发展，受拉区已退出工作状态，构件斜截面承载力则可通过极限平衡关系分析得到。

体外预应力加固混凝土梁抗剪能力由混凝土（含纵向钢筋）、箍筋、体内弯起非预应力钢筋或预应力钢筋和体外预应力弯起钢筋提供。将体外预应力斜筋（束）对抗剪承载力的贡献项 $0.8 \times 10^{-3} \sigma_{pu,e} \sum A_{pb,e} \sin\theta_e$ 作为抗力的一部分考虑。其中系数0.8作为体外预应力斜筋（束）的安全系数。

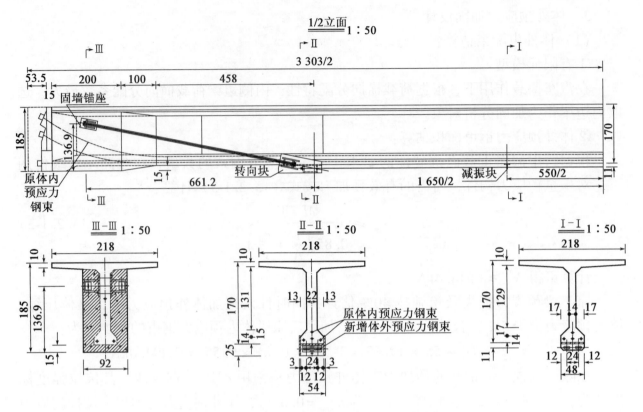

图 15.2.1-5　体外预应力钢束布置构造图（尺寸单位：cm）

由计算结果可知，斜截面抗剪承载力除在 241 号节点处不满足要求以外，其余截面均满足要求。241 号节点在截面突变处局部计算失真，可忽略。所以斜截面计算在支点向跨中 3.0m 范围内满足要求，其余截面不予验算。

④正常使用极限状态验算：

（a）正截面抗裂性验算：由验算结果可知，在主梁端部局部区域，作用频遇组合抗裂性不满足要求，但是产生的拉应力值均很小，不足 0.1MPa，可认为在公路—Ⅱ级作用下，正截面抗裂性满足要求，加固后受弯构件可认为是全预应力混凝土构件。

（b）斜截面抗裂性验算：由验算结果可知，斜截面除体外束锚固局部区域不满足外，其余均满足，由于梁单元计算局部应力失真，所以可认为斜截面抗裂性满足规范要求。

⑤持久状况应力验算：

持久状况设计的体外预应力混凝土构件，应计算混凝土正应力、斜截面主压应力和钢束的拉应力。作用效应取标准组合，不计分项系数，汽车荷载计入冲击效应。

（a）混凝土正应力验算：在端部 307 和 322 单元，混凝土的正截面压应力超过 C40 混凝土压应力限值，分别为 1.35 MPa 和 1.47MPa，所以，混凝土正截面应力验算基本满足规范要求。

（b）混凝土主应力验算：由验算结果可知，混凝土主应力验算满足规范要求。

（c）钢束应力验算：钢束应力验算结果见表 15.2.1-8，预应力钢束的拉应力验算结果符合规范要求。

表15.2.1-8 体外束应力验算表

钢束	验算	施工阶段钢束有效预应力（MPa）	使用阶段钢束的拉应力（MPa）	体外束应力增量（MPa）	正常使用极限状态体外束最大应力（MPa）	钢束张拉控制应力（MPa）	钢束拉应力容许值（MPa）
体外1-1	OK	846.3	851.39	48.7	900.09	1 395	1 209
体外1-2	OK	846.3	774.98	48.7	823.68	1 395	1 209
体外1-3	OK	846.3	849.98	48.7	898.68	1 395	1 209
体外1-4	OK	846.3	850.71	48.7	899.41	1 395	1 209
体外2-1	OK	846.3	771.36	48.7	820.06	1 395	1 209
体外2-2	OK	846.3	849.91	48.7	898.61	1 395	1 209
体外2-3	OK	846.3	850.92	48.7	899.62	1 395	1 209
体外2-4	OK	846.3	766.67	48.7	815.37	1 395	1 209

⑥短暂状态下截面应力验算：

短暂计算考虑恒载和体外钢束预加力，设计控制条件，在体外预应力张拉过程中及桥面无活载状态下，梁体上缘不出现拉应力。

在短暂状况下，梁体截面上下缘均处于受压状态，截面上缘最小压应力为0.5MPa，下缘最大压应力为13.1MPa，施工过程混凝土梁体上缘不会开裂，下缘混凝土不会压坏。

⑦变形计算：

荷载短期效应组合作用下的挠度值，可简化为按等效均布荷载作用情况，按式（15.2.1-4）计算：

$$f_{Ms} = \frac{5}{48} \times \frac{L^2[M_{GK} + 0.7M_{QK}/(1+\mu)]}{0.95E_cJ_0} \tag{15.2.1-4}$$

可变荷载频遇值引起的体外预应力筋拉力增量产生的短期挠度按式（15.2.1-5）计算：

$$f_{\Delta N_{pf}} = \frac{\Delta N_{pf}}{0.85E_cJ_{01}} \left\{ \frac{L^2}{8}(1-a)^2 \left(e_{p0}\cos\theta_p - \frac{1-a}{3}L\sin\theta_p\right) - \frac{aL^2}{8}\left(1-\frac{a}{2}\right)e_p \right\} \tag{15.2.1-5}$$

加固后，截面产生向上的微小位移，跨中截面为3.5mm。

⑧转向块计算：

（a）转向块构造：转向块由底板、侧板、锚板、斜钢束耳板及加劲板焊接而成，其构造如图15.2.1-6和图15.2.1-7所示。

（b）转向块有限元模型：采用midas FEA建立一半模型，在对称面上施加对约束。将钢束荷载换算为均布荷载施加于锚板之上，采用Q345钢材。在开孔及板件相交的角隅处，为更精确计算应力集中，将网格加密，同时保证所有网格耦合，如图15.2.1-8和图15.2.1-9所示。

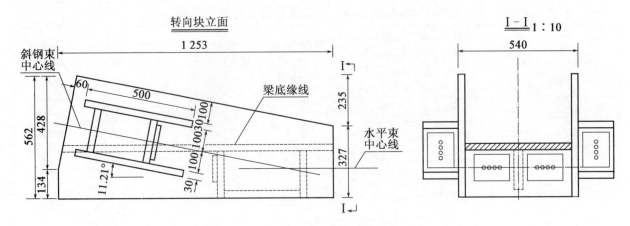

图 15.2.1-6 转向块构造（尺寸单位：mm）

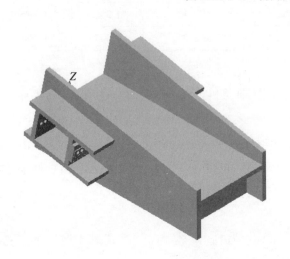

图 15.2.1-7 转向锚块三维视图

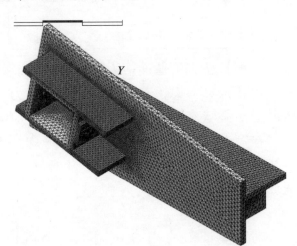

图 15.2.1-8 有限元模型三维视图

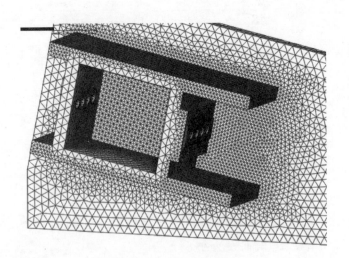

图 15.2.1-9 网格加密

(c) 计算工况：

工况1：跨中侧端部固定，只在外侧锚垫板处施加荷载，考察斜钢束锚板的应力情况。

工况2：支点侧端部固定，只在跨中侧锚垫板处施加荷载，考察水平钢束锚板的应力情况。

(d) 计算结果：

工况1斜钢束耳板与锚板、侧板交接处应力如图15.2.1-10～图15.2.1-12所示。从图中可以看出，几乎所有的单元应力都保持在较低的水平。

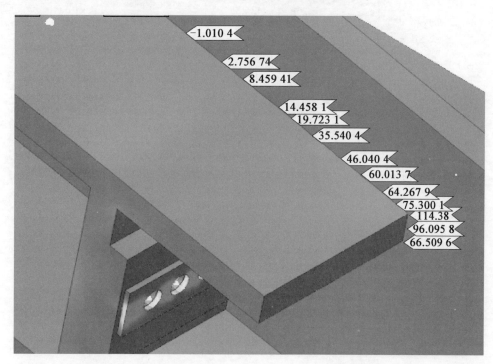

图15.2.1-10　工况1上侧耳板与侧板主拉应力（尺寸单位：MPa）

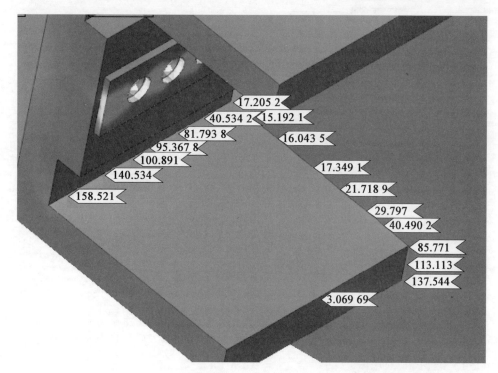

图15.2.1-11　工况1下侧耳板与锚板、侧板主拉应力（尺寸单位：MPa）

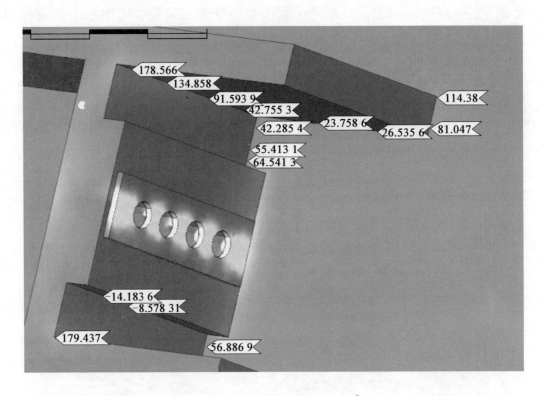

图 15.2.1-12 工况 1 上侧耳板与锚板、侧板主拉应力（尺寸单位：MPa）

工况 2 水平钢束锚板与侧板交接处应力如图 15.2.1-13 和图 15.2.1-14 所示。从图中可以看出，几乎所有的单元应力都保持在较低的水平。

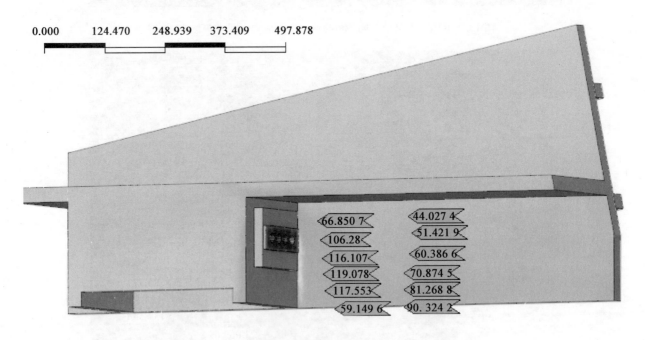

图 15.2.1-13 工况 2 锚板与侧板主拉应力（尺寸单位：MPa）

由计算结果可知，角隅处应力集中较明显，除局部应力集中点外，其余各点主拉应力均小于 Q345 钢材轴向允许应力 $[\sigma]$ = 200MPa。

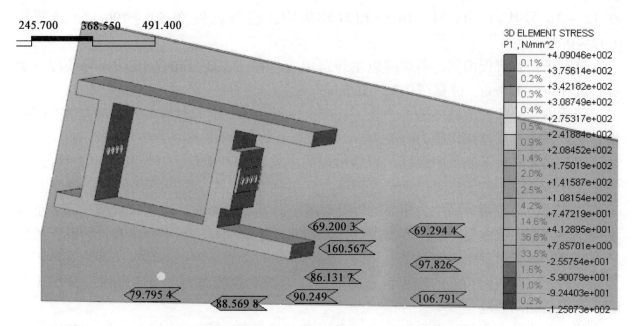

图 15.2.1-14　工况 2 侧板外侧主拉应力（尺寸单位：MPa）

15.2.2　预应力连续刚构加固。

1　桥梁概况：

某高速公路桥梁，建成于 2002 年。主桥为跨径 77.0m + 140.0m + 77.0m 预应力混凝土双薄壁墩连续刚构，设计荷载为汽车超—20 级，挂—120。

主梁为单箱单室箱形截面，箱梁顶面横坡与路线横坡一致，左右侧腹板等高。箱梁顶宽为 22.5m，底宽为 11.5m，墩顶处腹板处梁高为 7.5m，跨中及边跨合龙梁段梁高为 3.0m，梁底板下缘按二次抛物线变化。箱梁底板厚度 0 号块为 95cm，其余各梁段从悬臂根部至跨中段处由 95cm 减至 32cm，其间按二次抛物线变化，边跨现浇段底板厚度由支点 80cm 减至 32cm。0 号块腹板厚度为 70cm，1-11 号梁段腹板厚为 60cm，其余梁段的腹板厚为 50cm。除墩顶位置设置横隔梁外，在 7 号梁段、12 号梁段中间位置各设一道 50cm 厚横隔板。

箱梁采用三向预应力体系，纵向预应力索分顶板索和底板索两种。顶板索和底板索均采用 $25\phi^j15.24mm$ 钢绞线，张拉吨位为 490t；横向预应力索均采用 $5\phi^j15.24mm$ 扁锚体系，张拉吨位为 98t，采用一端张拉。竖向预应力钢筋为 $\phi32mm$ 的高强精轧螺纹粗钢筋，张拉吨位为 54t，采用梁顶端张拉方式。

桥墩采用双柱式空心薄壁墩，顺桥向墩宽 2.5m，横桥向墩宽 11.5m。主墩基础为人工挖孔嵌岩桩，桩基直径 2.5m，单桩桩顶最大竖向力 4 000t。

2　主要病害、技术状况及荷载试验结果：

（1）主要病害：

①主桥箱梁腹板、底板混凝土开裂。

汇总各桥梁检查资料，主梁开裂表现主要有三种类型：

第一类为腹板斜开裂。分布在箱梁腹板外侧，斜裂缝以主跨跨中为对称，主要分布在 12~16 号块段，14 号、16 号相对较集中，裂缝长度在 50~190cm，缝宽在 0.12~0.3mm。

分布于箱梁腹板内侧，斜裂缝以主跨跨中为对称，主要分布在 10~14 号块段，裂缝长度在 40~140cm，缝宽在 0.12~0.2mm。

箱梁内、外侧裂缝倾向基本一致，且产生位置存在一定的对应关系。斜裂缝有规律地产生，表明开裂与结构受力有关。

第二类为底板下侧纵向裂缝。裂缝出现的主梁块段不确定，开展长度小于块段长，缝宽在 0.14mm 左右，在同一块段内裂缝大多出现 2~3 道。底板下侧的纵向裂缝与施工工艺有关，在宽箱梁桥中，相邻梁段受混凝土龄期差的影响，后浇筑混凝土受先浇筑混凝土的约束，收缩受阻出现该类裂缝，若龄期差控制较好，则不会出现。因此，推断该类裂缝非运营过程中产生的受力裂缝，现状致使开裂的条件已不存在，裂缝宽度不会发展。另外，变截面箱梁的底板由于施加预应力而产生径向力，当底板横向配筋不足时，会出现纵向裂缝。

第三类为跨中底板横向裂缝，在《静动载试验检测报告》中提到"距离跨中横隔板两侧各 70cm 左右位置处发现两条箱梁底板的横向裂缝"，根据竣工图纸分析，距跨中横隔板两侧 70cm 处，刚好为合龙段与 19 号块段相交处，合龙段混凝土浇筑完成后，在底板钢束尚未张拉前，主梁的温度变化、合龙段劲性骨架刚度不足、混凝土收缩等因素均可导致该处产生开裂，一旦开裂，即使主梁底板钢束张拉也无法愈合裂缝。因此，分析认为施工时的早期开裂可能性较大。

②主梁下挠变形。

依据《桥梁观测资料》中提供的桥面高程记录，对 2008 年与 2014 年、2015 年的高程观测数据进行对比分析，由于缺乏成桥时桥面线形资料，以 2008 年桥面线形实测为基准，由图 15.2.2-1 可见，2014 年、2015 年的主跨跨中的下挠变形相对于 2008 年均有增加，下行线增量分别为 50.0mm 和 62.5mm；上行线增量分别为 32.0mm 和 49.3mm。2015 年每个测点较 2014 年均下沉 10mm 左右，应与测量时环境温度有关。

课题研究报告《高原山区公路弯坡连续刚构桥损伤机理研究及应用示范》提到"中跨跨中下挠量达到 17cm，超出预计下挠量"，同时报告中还提到"该桥承载力储备较小，主梁整体刚度偏弱，根据竣工图，本桥箱梁纵向顶板束未设置下弯，对主梁下挠的抑制作用效果较差，此外箱梁底板出现横、纵向裂缝，腹板出现大量斜向裂缝，导致梁体刚度削弱，促使主梁下挠"。

（2）荷载试验结果：

①测试断面：利用桥梁空间有限元分析程序建模分析，依据桥跨结构所得的活载内力包络图和位移包络图，确定测试截面为：Ⅰ—Ⅰ（3 号墩至 4 号墩之间第四跨 0.40L）、Ⅱ—Ⅱ（4 号墩墩顶左侧）、Ⅲ—Ⅲ（4 号墩至 5 号墩之间第五跨 L/4）、Ⅳ—Ⅳ（4 号墩至 5 号墩之间第五跨 0.5L）、Ⅴ—Ⅴ（5 号墩至 6 号墩之间第六跨 0.60L）、Ⅵ—Ⅵ（6 号墩墩顶附近）。测试截面示意如图 15.2.2-2 所示。

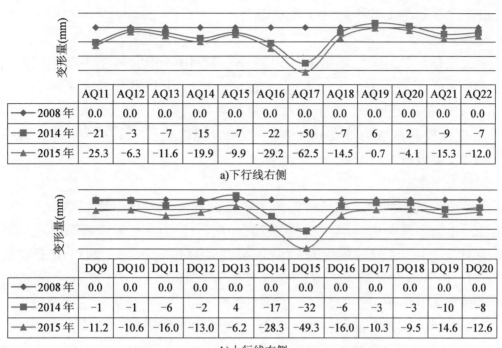

图 15.2.2-1　2008 年与 2014、2015 年主桥变形对比

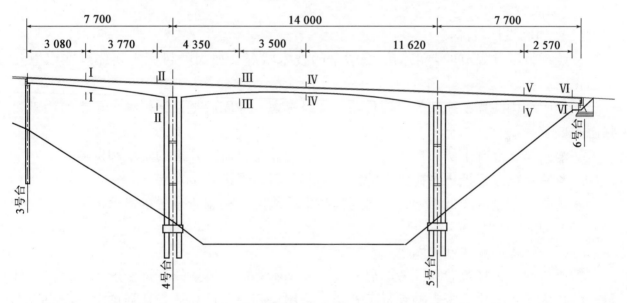

图 15.2.2-2　测试截面布置图（尺寸单位：cm）

②主要试验结论：

（a）应变：

箱梁Ⅰ—Ⅰ、Ⅱ—Ⅱ、Ⅴ—Ⅴ及Ⅵ—Ⅵ截面在相应工况下应变校验系数均值在 0.48~0.87，校验系数均值与同类桥梁相当，处于正常水平。Ⅲ—Ⅲ截面部分测点（底板轴线处为 1.16）实测应变值大于理论计算值，相应校验系数大于 1.0，说明箱梁实际承载能力下降。

卸载后应变基本恢复至初始状态，控制截面最大相对残余应变均值为 16%，说明结构在活载作用下基本上处于弹性工作状态。

(b) 挠度：

挠度测试共有 6 个工况，即第 1、2、7、8、9、10 工况，每个工况加载两次，加载所测挠度值即为挠度实测值。Ⅰ—Ⅰ截面在工况 1、2 下挠度校验系数均值在 0.788～0.795，Ⅴ—Ⅴ截面在工况 9、10 下挠度校验系数均值在 0.815～0.868，Ⅳ—Ⅳ截面在工况 7、8 下挠度校验系数均值在 0.933～0.982，挠度校验系数接近 1.0，说明该跨主梁实际抗弯刚度接近设计计算刚度。

(c) 裂缝开展状况：

在整个静动载试验期间，在荷载作用下各控制截面未发现新增裂缝。

试验时，距离主跨跨中横隔板两侧各 70cm 左右位置处发现两条箱梁底板的横向裂缝（长度约 10.5m）。试验过程中对这两条裂缝宽度进行观测，测点位于底板中心线上，在工况 7、8 下小桩号侧裂缝宽度增量分别为 0.180mm、0.192mm，大桩号侧裂缝宽度增量分别为 0.109mm、0.115mm，待卸载完毕后，该裂缝恢复原始宽度。

综上分析表明，该桥上部结构中跨实际承载能力有所降低，结构抗弯刚度也有所降低，裂缝的存在降低了结构的适用性和耐久性。为了提高桥梁的安全储备，提高桥梁的适用性和耐久性，建议对该桥进行补强加固。

3　加固方案的确定：

(1) 加固设计目标：

按照现行设计规范的要求，依据桥梁的技术状况，加固的目标主要体现在以下几方面：

①加固结构验算，荷载等级按公路—Ⅰ级考虑，加固后主梁结构满足正常使用极限状态的要求。

②消减箱梁混凝土法向拉应力，增大压应力储备以避免开裂的发生和发展。

③改善箱梁腹板抵抗主拉应力的能力，避免斜裂缝进一步发展。

④消除主梁刚度降低因素，并适当提高主梁刚度，控制或减缓主梁下挠发展。

(2) 加固方案比选：

方案一：提高耐久性加固

桥梁按原设计规范验算，考虑混凝土徐变基本完成，桥梁的下挠变形趋于稳定，且目前的桥面线形变化并未影响到行车安全，采用提高耐久性和适当补强抗主拉应力能力的加固方案，具体措施为：

①裂缝、缺损修补，对主桥箱梁混凝土存在的各类裂缝、缺损进行修补。

②腹板内侧粘贴钢板，依据计算结果对 10～18 号块段粘贴 45°斜钢板。

③更换伸缩缝，将现橡胶伸缩缝（SD-100）更换为钢梳齿（160）伸缩缝。

方案一并不能完全达到预期的加固目标，对结构病害的发展约束作用不强。在后续运营中，若变形继续发展，存在二次加固的可能。

方案二：施加局部体外预应力

在方案一的基础上，对主桥中跨适当施加体外预应力，提高中跨跨中压应力储备，抑制目前中跨跨中底板存在裂缝宽度的发展，具体措施为：

①裂缝修补、粘贴钢板、更换伸缩缝同方案一。

②主跨施加体外预应力，解决中跨跨中底板开裂问题，虽在跨中底板一定范围局部施加预应力即可，但考虑到若后续需施加全桥体外预应力，现施加局部预应力会对后期加固带来干扰，因此预应力布置兼顾了后续需施加全桥体外预应力的方便，预应力在桥墩处锚固于主墩横隔板上侧，通过原横隔板转向，在跨中区段布置于底板上侧。

施加局部体外预应力，对结构下挠无明显的抑制作用。

方案三：施加整体体外预应力

主梁出现混凝土开裂、跨中挠度过大，甚至在正弯矩区底板出现横向裂缝时，或者在 1/4 跨径附近主拉应力偏大，首先考虑体外预应力加固技术。体外预应力加固属于主动加固法，其实质是以高强材料作为施加在结构的外力，以预加力产生的反弯矩部分抵消荷载产生的内力，从而达到改善使用性能，并提高其承载能力极限状态和正常使用极限状态的目的。

体外预应力加固具有如下技术优点：

①能够有效地改善结构应力分布，有目的地提高压应力储备，约束裂缝的产生和发展，并能抑制跨中下挠发展速度。

②体外预应力索加固技术所需设备简单，人力投入少，施工工期短。

③在加固施工过程中，可以实现不中断交通或短时限制交通。

④可补张预应力锚具可满足长期使用后的预应力索力调整和预应力索更换的需求。

综合桥梁发展现状和国内对该类桥梁的加固方案，根据课题《高原山区公路弯坡连续刚构桥损伤机理研究及应用示范》的研究成果，推荐采用方案三为本次维修加固方案。

（3）加固方案设计：

加固主要内容包括裂缝封闭、原桥结构技术改造（横隔板改造）、箱内体外预应力加固、腹板粘贴钢板加固、更换伸缩缝。

原桥分别在 0 号块、7 号块及 11 号块段有一横隔板，厚度为 50cm，改造后可作为预应力钢束的转向板。

横隔板加厚：对原有横隔板局部进行加厚，作为体外束转向块的同时，保证体外预应力钢束曲线段位于横隔板加厚段，如图 15.2.2-3 所示。

增设横隔板：在原结构 16 号块段增加一横隔板，作为体外束转向块的同时，保证体外预应力钢束曲线段位于横隔板范围内。

体外预应力钢束：边跨采用 10 束 $12\phi^j15.24$ 环氧涂层钢绞线外加 HDPE 套筒制成；中跨采用 12 束 $19\phi^j15.24$ 环氧涂层钢绞线外加 HDPE 套筒制成，预应力钢束布置如图 15.2.2-4 所示。

对于抗剪承载力不足区域的腹板，采取粘贴钢板补强，钢板布置如图 15.2.2-5 所示。

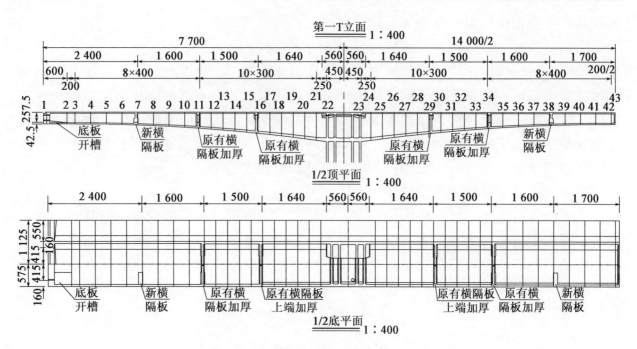

图 15.2.2-3 原桥横隔板改造与增设（尺寸单位：cm）

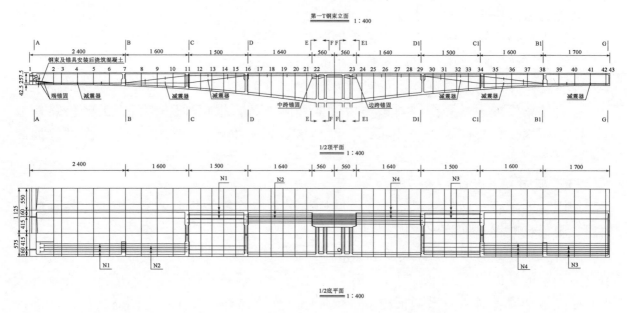

图 15.2.2-4 体外预应力钢束布置（尺寸单位：cm）

4　加固设计计算：

（1）加固设计计算原则：

计算分析采用通用有限元分析软件，按《公路桥涵设计通用规范》（JTG D60—2015）和《公路钢筋混凝土及预应力混凝土桥涵设计规范》（JTG 3362—2018）进行计算和验算。

计算时基于技术状况评定成果、试验检测结论，按《公路桥梁承载能力检测评定规程》（JTG/T J21—2011）的要求，考虑计算系数的修正，检算系数 $Z_1 = 1.05$，承载能力恶化系数 $\xi_e = 0.02$，截面折减系数 $\xi_c = 0.99$，钢筋的截面折减系数 $\xi_s = 1.00$，活载

影响修正系数 $\xi_q = 1.01$。

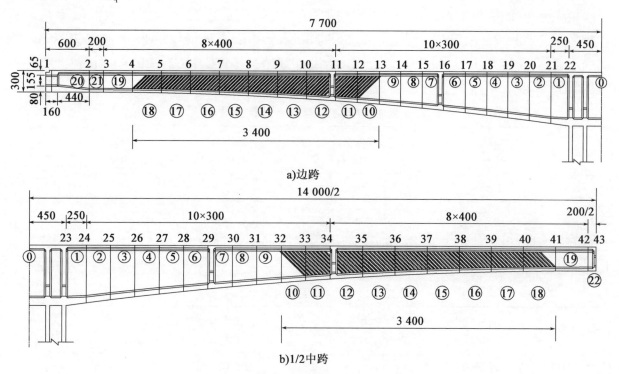

图 15.2.2-5 腹板内侧粘贴钢板布置（尺寸单位：cm）

计算原理：按照桥梁实际施工步骤，对原桥由薄壁墩施工开始至体外预应力施加结束，建立全过程施工阶段模型，重点分析加固过程结构的应力及位移变化，保证加固施工过程的安全和加固的有效。

加固后的荷载等级按公路—Ⅰ级考虑。

（2）结构模型、材料、施工阶段信息：

①单元及节点划分。根据施工图阶段进行模型的建立及节点的划分，全桥主梁共计97节点，96个单元，桥墩分为7个节点，6个单元。主梁和桥墩均采用梁单元。

②边界条件：主墩采用底部固结约束，主墩与主梁之间采用弹性连接（刚性），边跨约束采用简支梁约束，只约束竖向及横向，释放顺桥向约束，如图15.2.2-6所示。

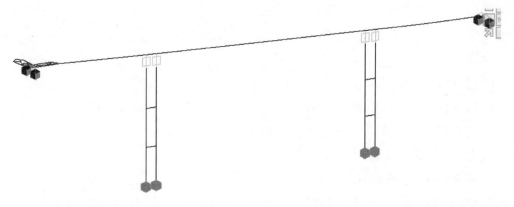

图 15.2.2-6 主桥约束示意图

③主要材料：

混凝土：该桥于2002年竣工，设计采用《公路钢筋混凝土及预应力混凝土桥涵设计规范》（JTJ 023—1985）规范中的55号混凝土，依据现场实测推定强度为C53。根据《公路钢筋混凝土及预应力混凝土桥涵设计规范》（JTG 3362—2018）混凝土材料参数内插计算得C53混凝土计算参数见表15.2.2-1。

表15.2.2-1 混凝土计算参数

强度等级	弹性模量（MPa）	重度（kN/m³）	线膨胀系数	f_{ck}（MPa）	f_{tk}（MPa）	f_{cd}（MPa）	f_{td}（MPa）
C53	35 100	26.00	0.000 01	34.26	2.70	23.6	1.87

预应力钢束：体内与体外预应力钢束均采用低松弛钢绞线 ϕ^j15.20，标准强度 f_{pk} = 1 860MPa，计算参数见表15.2.2-2。

表15.2.2-2 预应力钢束计算参数

预应力钢绞线	弹性模量（MPa）	张拉控制应力（MPa）	孔道磨阻系数	孔道偏差系数	钢绞线松弛系数	一端锚固回缩值（m）
体内顶板	19 5000	1 395	0.250 0	0.001 5	0.3	0.006
体内底板	195 000	1 395	0.250 0	0.001 5	0.3	0.006
体外束	195 000	1 160	0.030 0	0.000 0	0.3	0.006

④施工阶段：

模型根据实际施工过程，划分为35个施工阶段。其中前26个施工阶段为原桥的真实施工阶段（来源于施工监控报告），27~35施工阶段为加固改造阶段的施工过程。

施工阶段1~25：原桥施工阶段，略；

施工阶段26：10年收缩徐变，持续时间3 650d；

施工阶段27：3年，持续时间1 000d；

施工阶段28：横隔板改造，持续时间20d；

施工阶段29：体外张拉1，持续时间1d；

施工阶段30：体外张拉2，持续时间1d；

施工阶段31：体外张拉3，持续时间1d；

施工阶段32：体外张拉4，持续时间1d；

施工阶段33：体外张拉5，持续时间1d；

施工阶段34：体外张拉6，持续时间1d；

施工阶段35：封锚现浇，持续时间2d。

（3）加固前后恒载位移及内力对比：

①加固前后位移计算对比：

根据位移计算结果，分别提取原设计最终状态恒载作用下主梁的位移与体外预应力加固后的主梁位移，主梁位移对比及两者差值如图15.2.2-7和图15.2.2-8所示。

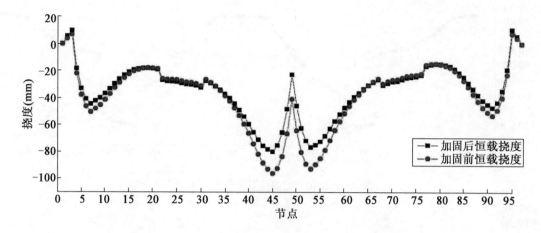

图 15.2.2-7 加固前后恒载作用下主梁位移对比

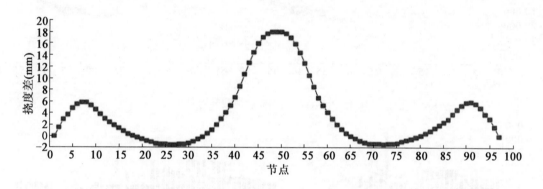

图 15.2.2-8 加固前后恒载作用下主梁位移增量

分析图 15.2.2-7 和图 15.2.2-8 可知,由于横隔板改造等带来的恒载的增加,主墩顶面对应主梁较加固前有向下 1.4mm 的位移;主桥中跨跨中节点张拉体外预应力后较加固前上挠 18mm;主桥边跨张拉体外束之后上挠 5.8mm。

②加固前后内力对比:

分别提取原设计成桥状态主梁的恒载弯矩与体外预应力加固后的主梁恒载弯矩,其弯矩变化对比及两者差值如图 15.2.2-9 和图 15.2.2-10 所示,恒载剪力变化对比及两者差值如图 15.2.2-11 和图 15.2.2-12 所示。

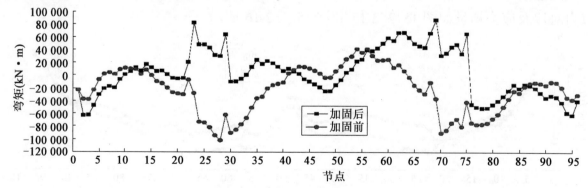

图 15.2.2-9 加固前后恒载弯矩对比

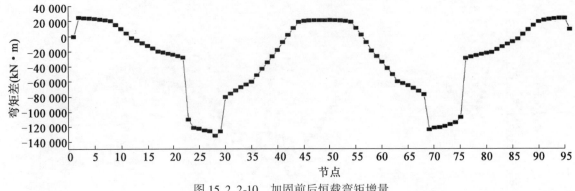

图 15.2.2-10　加固前后恒载弯矩增量

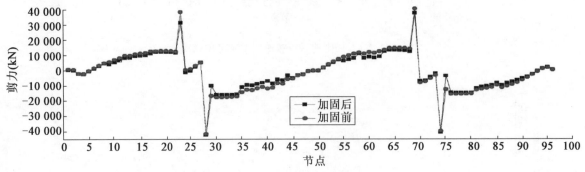

图 15.2.2-11　加固前后恒载剪力对比

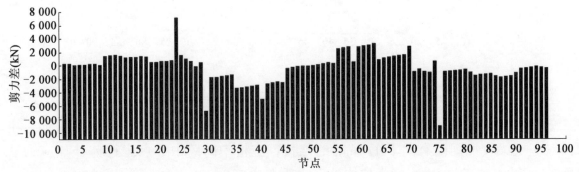

图 15.2.2-12　加固前后恒载剪力差值

根据计算结果可知，体外预应力钢束布置、竖弯点位置都与恒载弯矩图相关，表明体外预应力钢束布置合理。

（4）应力对比：

加固前后主梁上缘应力对比及应力增量如图 15.2.2-13 和图 15.2.2-14 所示，下缘应力对比及应力增量如图 15.2.2-15 和图 15.2.2-16 所示。

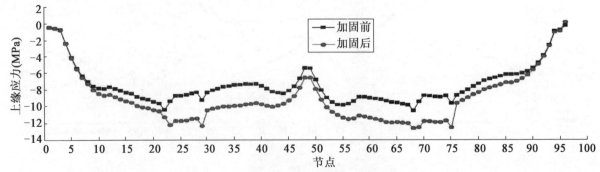

图 15.2.2-13　加固前后主梁上缘应力对比

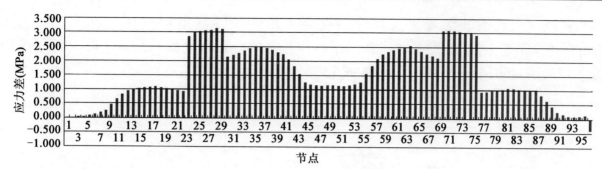

图 15.2.2-14 上缘应力差值

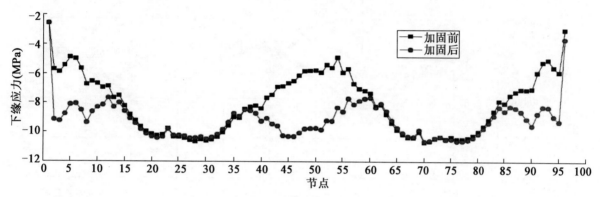

图 15.2.2-15 加固前后主梁下缘应力对比

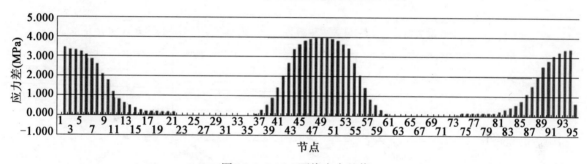

图 15.2.2-16 下缘应力差值

由计算可知，加固后恒载作用下，主梁上缘应力各截面均会有一定的增加，在墩顶位置增量最大，为 3.1MPa，仅在边跨端部现浇的三个单元上缘应力会有一定的减小。加固后主梁下缘应力比加固前有一定的增加，最大值在跨中截面，增量约为 4.0MPa。

计算表明上、下缘压应力增量的分布与预期相一致，压应力的增加，提高压应力储备或降低拉应力，降低结构开裂风险，减缓已存在裂缝宽度的发展。

(5) 持久状况承载能力极限状态验算结果：

① 正截面抗弯承载能力验算：

根据《公路钢筋混凝土及预应力混凝土桥涵设计规范》（JTG 3362—2018）第 5.2.2 条～第 5.2.5 条的规定计算，验算结果如图 15.2.2-17 所示。

按《公路钢筋混凝土及预应力混凝土桥涵设计规范》（JTG 3362—2018）第 5.1.2 条的规定，构件重要性系数 $\gamma_0 = 1.1$，抗弯承载能力极限状态满足 $\gamma_0 S \leq R$ 的要求。

② 斜截面抗剪承载能力验算：

根据《公路钢筋混凝土及预应力混凝土桥涵设计规范》（JTG 3362—2018）第5.2.8条~第5.2.14条的规定计算，在不计竖向预应力钢筋抗剪承载力时（原桥未设置下弯的预应力钢束），验算结果如图15.2.2-18所示。

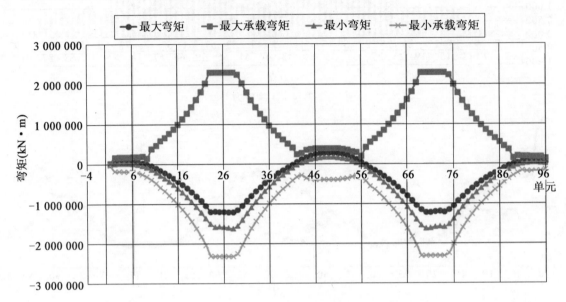

图15.2.2-17 正截面抗弯承载能力验算结果

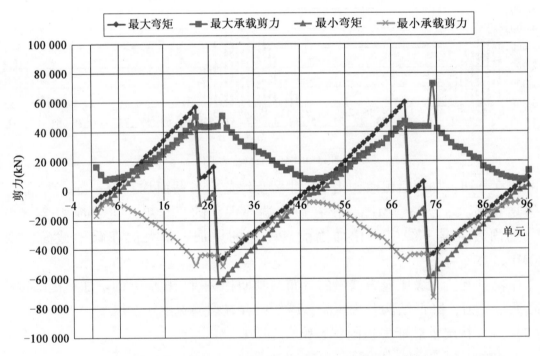

图15.2.2-18 斜截面抗剪承载能力验算结果

斜截面抗剪承载力验算结果：按《公路钢筋混凝土及预应力混凝土桥涵设计规范》（JTG 3362—2018）第5.1.2条的规定，构件的抗剪承载能力极限状态，在不计竖向预应力钢筋时，部分截面不满足规范要求。

在不计竖向预应力钢筋时，抗剪承载力不足区段有：边跨14号块至1号块、中跨1号块至16号块承载力不足。本次计算分析采用杆系单元，未考虑竖向预应力钢筋提供的抗剪承载力，仅考虑混凝土和普通钢筋的抗剪承载力，与实际情况存在偏差。对于抗剪承载能力的分析，需评估竖向预应力的损失状况，抽取最不利单元，进一步进行三维实体模型分析，并考虑粘贴钢板对抗剪承载力的贡献。

（6）持久状况正常使用极限状态验算结果：

①正截面混凝土抗裂验算：

对于全预应力混凝土构件，在作用频遇组合下，对于分段浇筑或砂浆接缝的纵向分块构件应符合式（15.2.2-1）的条件：

$$\sigma_{st} - 0.80\sigma_{pc} \leq 0 \tag{15.2.2-1}$$

作用频遇组合下，正截面抗裂性验算结果如图 15.2.2-19 所示，按《公路钢筋混凝土及预应力混凝土桥涵设计规范》（JTG 3362—2018）第 6.3.1 条验算，边跨端部 1~4 单元、93~96 单元顶面出现较小的拉应力，最大拉应力为 $\sigma_{st} - 0.80\sigma_{pc} = 0.37\mathrm{MPa}$，不满足规范要求，其余截面均满足要求。

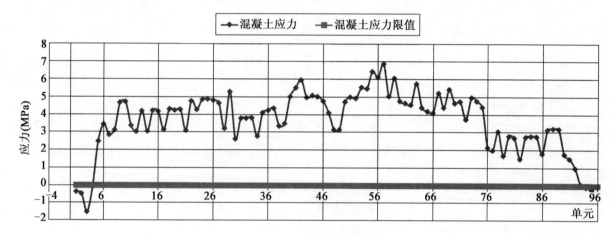

图 15.2.2-19 正截面抗裂验算结果

原桥边跨合龙段处未设顶板合龙钢束，施加体外预应力后边跨端部 1~4 单元、93~96 单元顶面出现较小的拉应力，满足规范 A 类预应力混凝土的要求，但不满足全预应力混凝土的要求。若要加固后结构完全满足全预应力混凝土不能出现拉应力的要求，需对体外预应力钢束的端锚固向上适当调整，降低偏心距。

②斜截面抗裂验算：

对于全预应力混凝土构件，在作用频遇组合下，现场浇筑（包括预制拼装）构件，应符合式（15.2.2-2）的条件：

$$\sigma_{tp} \leq 0.4 f_{tk} \tag{15.2.2-2}$$

斜截面抗裂验算结果如图 15.2.2-20 所示，按《公路钢筋混凝土及预应力混凝土桥涵设计规范》（JTG 3362—2018）第 6.3.1 条验算：

$$\sigma_{tp} = 0.6\mathrm{MPa} \leq 0.4 f_{tk} = 1.06\mathrm{MPa}$$

实际 C53 混凝土的限值为 $2.7 \times 0.4 = 1.08\mathrm{MPa}$，满足规范要求。

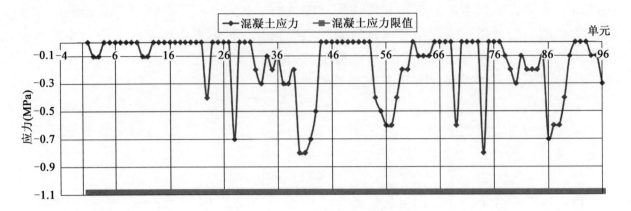

图15.2.2-20 斜截面抗裂验算结果

(7) 持久状况构件应力验算结果：

①正截面混凝土法向压应力验算：

按《公路钢筋混凝土及预应力混凝土桥涵设计规范》（JTG 3362—2018）第7.1.5条的规定，受压区混凝土的最大压应力应符合式（15.2.2-3）、式（15.2.2-4）的规定：

未开裂构件：

$$\sigma_{kc} + \sigma_{pt} \leq 0.5 f_{ck} \tag{15.2.2-3}$$

允许开裂构件：

$$\sigma_{cc} \leq 0.5 f_{ck} \tag{15.2.2-4}$$

正截面应力验算结果如图15.2.2-21所示，持久状况混凝土法向正应力验算满足规范要求。

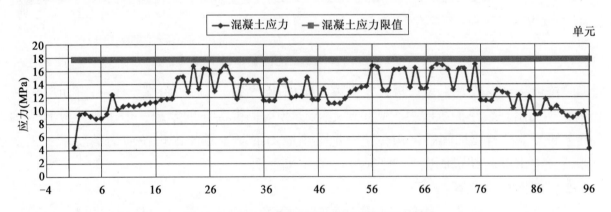

图15.2.2-21 正截面混凝土法向压应力验算结果

②正截面受拉区钢筋拉应力验算：

按《公路钢筋混凝土及预应力混凝土桥涵设计规范》（JTG 3362—2018）第7.1.5条的规定，对钢绞线、钢丝，体内受拉区预应力钢筋的最大拉应力应符合式（15.2.2-5）、式（15.2.2-6）的规定：

未开裂构件：

$$\sigma_{pe} + \sigma_p \leq 0.65 f_{pk} \tag{15.2.2-5}$$

允许开裂构件：

$$\sigma_{\mathrm{po}} + \sigma_{\mathrm{p}} \leq 0.65 f_{\mathrm{pk}} \tag{15.2.2-6}$$

体外受拉区预应力钢筋的最大拉应力应符合式（15.2.2-7）的规定：

$$\sigma_{\mathrm{pe,ex}} \leq 0.60 f_{\mathrm{pk}} \tag{15.2.2-7}$$

体内钢筋应力验算结果：$\sigma_{\mathrm{pe}} + \sigma_{\mathrm{p}} = 1\,143.99\mathrm{MPa} \leq 0.65 f_{\mathrm{pk}} = 1\,209.00\mathrm{MPa}$；体外钢筋应力验算结果：$\sigma_{\mathrm{pe,ex}} = 1\,027.50 \leq 0.60 f_{\mathrm{pk}} = 1\,116.00\mathrm{MPa}$，满足规范要求。

③斜截面混凝土的主压应力验算：

按《公路钢筋混凝土及预应力混凝土桥涵设计规范》（JTG 3362—2018）第7.1.6条的规定，混凝土的主压应力应符合式（15.2.2-8）的规定：

$$\sigma_{\mathrm{cp}} \leq 0.6 f_{\mathrm{ck}} \tag{15.2.2-8}$$

斜截面混凝土主压应力验算结果如图15.2.2-22所示，$\sigma_{\mathrm{cp}} = 13.68\mathrm{MPa} \leq 0.6 f_{\mathrm{ck}} = 19.44\mathrm{MPa}$，而实际C53混凝土限值为$35.5 \times 0.6 = 21.3\mathrm{MPa}$，满足规范要求。

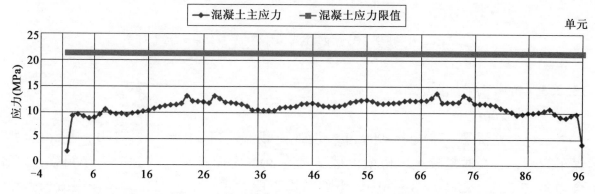

图15.2.2-22 斜截面混凝土的主压应力验算结果

（8）短暂状况构件应力验算结果：

按《公路钢筋混凝土及预应力混凝土桥涵设计规范》（JTG 3362—2018）第7.2.8条的规定，在预应力和构件自重等施工荷载作用下截面边缘混凝土的法向压应力应符合式（15.2.2-9）的规定：

$$\sigma_{\mathrm{cc}}^{\mathrm{t}} \leq 0.70 f'_{\mathrm{ck}} \tag{15.2.2-9}$$

短暂状态构件应力验算结果见图15.2.2-23所示，$\sigma_{\mathrm{cc}}^{\mathrm{t}} = 13.19\mathrm{MPa} \leq 0.70 f'_{\mathrm{ck}} = 18.14\mathrm{MPa}$，满足规范要求。

（9）施工人孔开孔位置确定：

为了便于体外预应力施工，原桥在边跨梁端横隔板设置人孔，不便于箱内体外预应力钢束的施工，设计中考虑在B17块段底板开700mm人孔，根据边跨弯矩图，人孔设在91、92号节点之间，位于大里程边跨恒载弯矩最小区域，在此处底板开人孔较为安全。

通过计算，对比了加固前后的内力、应力及变形，验证了体外钢束布置形状的合理性、施工孔开凿位置的合理性等问题，并对加固后的结构按《公路钢筋混凝土及预应力混凝土桥涵设计规范》（JTG 3362—2018）的规定，采用公路—I级荷载进行了承载能力极限状态抗弯承载力、抗剪承载力的验算，正常使用极限状态抗裂性验算、持久状况应力验算、短暂状况应力验算及钢束应力验算，验证了加固设计方案的可行性和有效性。

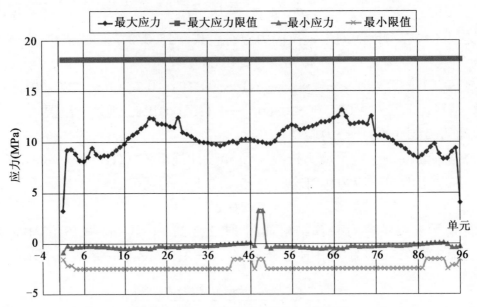

图 15.2.2-23 短暂状况构件应力验算结果

15.2.3 桥墩盖梁加固。

1 桥梁概况：

某二级公路桥梁，建成于 1999 年，设计荷载汽—超 20 级，挂—120。通行车辆以运煤车为主，且交通量较大。桥梁上部结构为 30m 跨简支转连续预应力小箱梁，跨径组合为 3×30m+2×30m+3×30m。下部结构为重力式桥墩，双悬臂钢筋混凝土盖梁，扩大基础；桥台采用重力式 U 形桥台，扩大基础。

2 主要病害：

桥墩盖梁出现程度不等的开裂病害，其中主要裂缝表现为：

（1）3 号、5 号、6 号和 7 号墩盖梁裂缝分布于下游侧悬臂端根部，下游侧为满载车道。

（2）裂缝自盖梁顶由上向下延伸，裂缝长度 40~80cm，与铅锤面夹角 25°~35°，除 5 号墩盖梁裂缝为 2 道外，其余均为 1 道。

（3）裂缝表现为上宽下窄，最大裂缝宽度 0.35mm，各盖梁裂缝的平均宽度为 0.28mm。

（4）盖梁前后两个侧面均有裂缝出现，走向、位置基本对应。主要原因是此处混凝土强度相对较差，在荷载的作用下，导致盖梁受力开裂。

（5）3 号、5 号墩对应伸缩缝位置，渗漏水现象严重，受渗漏水的影响，钢筋锈蚀风险高。

3 维修加固目标：

（1）约束盖梁裂缝宽度的发展，满足抗裂性要求。

（2）封闭裂缝提高盖梁耐久性。

4 加固方法：

基于桥墩盖梁病害特征，采用施加体外预应力进行主动加固。

（1）预应力钢束布置：

通过在盖梁上缘布置预应力钢束，由端锚板传递至盖梁端部，提供正应力使盖梁上缘拉应力降低，体外预应力钢束布置如图15.2.3-1所示。

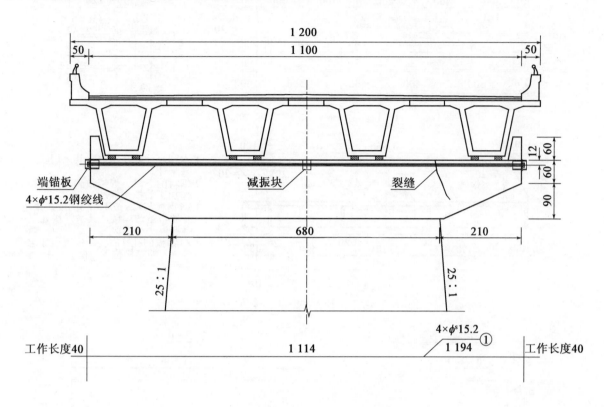

图15.2.3-1　体外预应力钢束布置（尺寸单位：cm）

（2）预应力钢束：

预应力钢束采用双层PE包裹的环氧涂层无黏结钢绞线，抗拉强度标准值 f_{pk} = 1 860MPa，采用低松弛钢绞线 $\phi^j15.20$，张拉控制应力 $\sigma_{con}=0.6f_{pk}$。

预应力钢绞线张拉采用单根单端张拉，另一端顶压锚固，张拉时盖梁左右两侧应对称同步。预应力钢绞线单根张拉力为156kN，延伸量为理论计算值59.5mm。

预应力钢绞线工作段长度设计为40cm，根据张拉设备其深度可调整。

（3）端锚板：

端锚板采用Q345C钢板焊接而成。施工前必须对原盖梁结构尺寸进行复核，当设计尺寸与原结构尺寸偏差在4.0cm以上时，应对钢构件的下料尺寸进行调整。

在预应力端锚板安装前，对桥墩盖梁端部混凝土表面进行局部凿除、打磨，与端锚板结合面必须平整，局部坑洼采用环氧砂浆抹平。对盖梁的裂缝进行注胶封闭和缺陷修复。

安装端锚板至设计位置，采用M20锚栓与盖梁固定，按图15.2.3-2和图15.2.3-3安装预应力钢束，逐根张拉。

（4）减振块：

为减小钢束振动幅度，在盖梁中心线处设置减振块，减小水平束的自由长度，减振块的构造如图15.2.3-4所示。

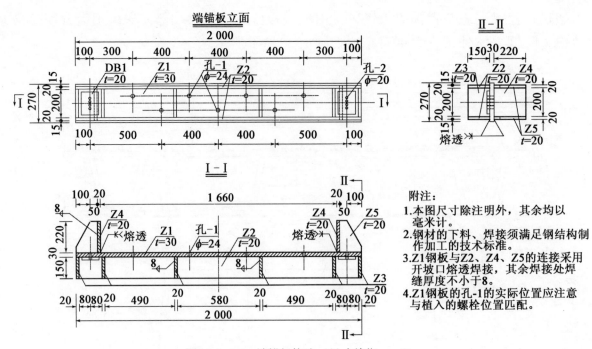

图 15.2.3-2 端锚板构造（尺寸单位：cm）

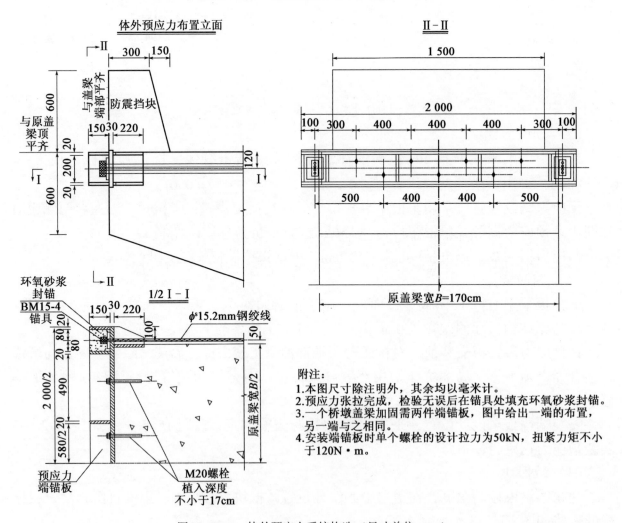

图 15.2.3-3 体外预应力系统构造（尺寸单位：cm）

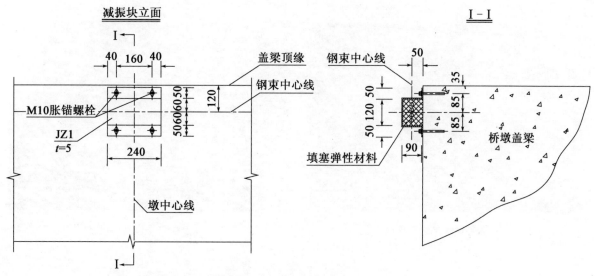

图 15.2.3-4 体外预应力钢束减振块构造（尺寸单位：cm）

15.3 增补桩基加固法

15.3.1 基础主要病害：

1 桥梁概况：

某二级公路桥梁，建成于 1988 年，桥梁全长为 204.0m，原设计桥宽 1.0m + 11.0m + 1.0m，设计荷载汽—20 级，挂—100，设计洪水频率 1/100。上部结构为 10×20m 钢筋混凝土简支 T 梁，每跨横桥向布置 7 片 T 梁；下部结构为三柱式桥墩，桩柱式桥台，钻孔灌注桩基础，桩基为摩擦桩，设计长度 23.0m。

2 主要病害：

2006 年桥梁上游约 2.2km 处建成一座水库，桥位处的水位变化幅度大，河床主河槽由南岸向北岸变迁，河床整体下切严重，桩基出露 2.0～3.5m，平均下切深度约 3.0m。部分桩基的冲刷深度已接近一般冲刷线。2007 年 10 月，对桥梁进行了加固，上部采用粘贴钢板加固 T 梁梁体，桥面系改造为钢筋混凝土桥面铺装及防撞护栏，改造后桥宽 0.5m + 11.2m + 0.5m，加固设计荷载等级按公路—Ⅱ级考虑。

桩头出露部分，钢筋外露锈蚀，混凝土局部缺损。按冲刷深度对桩基承载能力进行验算，满足公路—Ⅱ级要求，仅对桩基出露部分采用钢筋混凝土外套箍进行防护，桩基桩头外包维修前、后状况如图 15.3.1-1 和图 15.3.1-2 所示。

3 病害的发展变化：

2007—2010 年，河床继续下切，整体深度约 2.6m，大部分外包后桥墩桩基重新外露，钢筋锈蚀，混凝土表层剥落、破损严重，缺损状况如图 15.3.1-3 所示。部分桩基的冲刷深度已接近局部冲刷线，桩基的入土深度为 17.4m。

桥梁自建成至 2004 年上游水库开工建设前，河床处于稳定状态，局部的下切深度仅使系梁出露。水库建设期及建成后，河床的下切加速发展，桥梁河床冲刷下切演变历程如图 15.3.1-4 所示。

a) 8号墩桩基缺损状况

b) 9号墩桩基缺损状况

图15.3.1-1 桩基缺损状况

图15.3.1-2 出露桩头外包修复后状况

图15.3.1-3 2010年河床下切后桩基外露状况

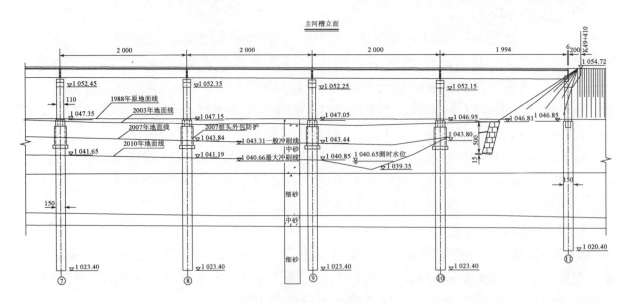

图15.3.1-4 河床冲刷下切演变历程（尺寸单位：cm）

河床下切与水库具有相关性，受水库汛期放水的影响，瞬时流量大，流速快；上游截流后，下游河床无泥沙淤积补充；桥位处地层主要为中、细砂，抗冲刷能力弱。

15.3.2 加固方法：

方案一：设置河床抗冲刷防护

河床抗冲刷防护是为防止河床的进一步冲刷下切，使桩基础的承载力降低。

抗冲刷防护采用刚柔结合的方式，包括下游侧刚性坝、桥下宾格网石笼柔性铺砌防护、刚性坝下防冲击平台三部分，如图 15.3.2-1 所示。

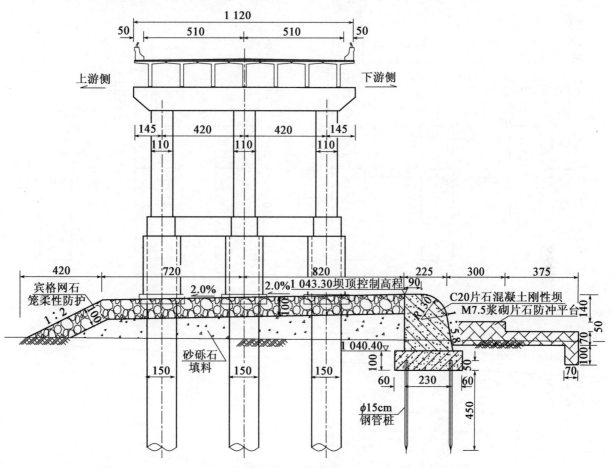

图 15.3.2-1 基础抗冲刷典型横断面（尺寸单位：cm）

刚性坝顶的控制高程考虑了桩基的有效长度和泄洪能力，与一般冲刷线高程一致。河床柔性铺砌防护采用宾格网填充砾石网箱，网箱的规格为 3.0m×1.0m×1.0m，宾格网采用抗腐耐磨高强的低碳镀锌钢丝，PVC 包覆。

为保证桥梁安全，下游侧刚性坝基坑开挖分段进行，开挖后打入钢管桩，避免坝体倾覆破坏，然后浇筑坝体片石混凝土。

方案二：增补桩基加固类型一

沿原边桩轴线纵桥向加桩。一个墩增加 4 根直径 1.5m 的钻孔灌注桩，新桩中心距原桩中心 $2.5D=3.75m$，桩顶高程与现状地面线平齐，考虑河床继续下切 4.5m，河床比降降低至 0.01%，河床下切减缓，计算得新桩设计长度为 25m。

新桩基与原桩通过新增承台共同工作，承台将上部荷载分配至各桩，承台厚度 2.0m，纵桥向长度 10.0m。为减少承台混凝土体积，承台设计为"工"字形，如图 15.3.2-2 所示。

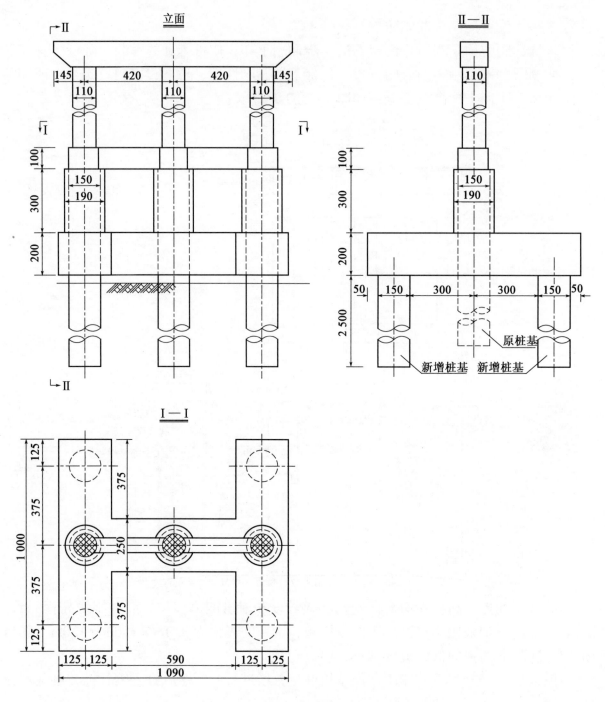

图 15.3.2-2 增补桩基加固类型一（尺寸单位：cm）

方案三：增补桩基加固类型二

沿原相邻桩中心线纵桥向加桩。一个墩增加 4 根直径 1.5m 的钻孔灌注桩，新桩中心距原桩中心斜距 $2.5D=3.75\mathrm{m}$，桩顶高程与现状地面线平齐，考虑河床继续下切 4.5m，河床比降降低至 0.01%，河床下切减缓，计算得新桩设计长度为 24m。

新桩基与原桩通过新增承台共同工作，承台将上部荷载分配至各桩，承台厚度 2.0m，纵桥向长度 8.71m。为减少承台混凝土体积，承台设计为六边形，如图 15.3.2-3 所示。

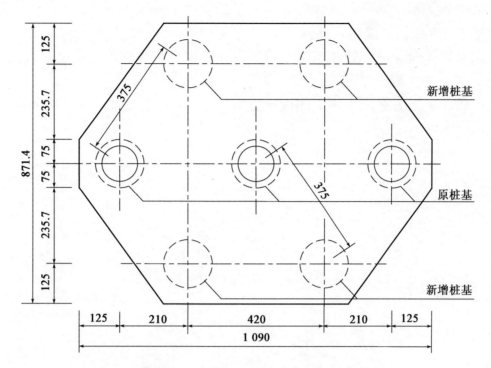

图 15.3.2-3 增补桩基加固类型二（尺寸单位：cm）

方案四：增补桩基加固类型三

沿原桩轴线横桥向加桩。一个墩增加 2 根直径 1.5m 的钻孔灌注桩，新桩中心距原边桩中心 $2.5D = 3.75$m，桩顶高程与现状地面线平齐，考虑河床继续下切 4.5m，河床比降降低至 0.01%，河床下切减缓，计算得新桩设计长度为 34m。

新桩基中心距 15.9m，承台厚度 2.5m，纵桥向由端部宽度 2.5m 增加至 3.3m，如图 15.3.2-4 所示。

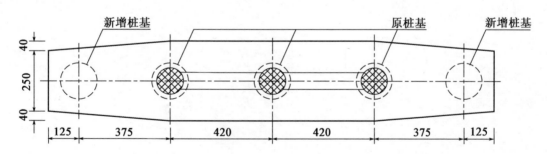

图 15.3.2-4 增补桩基加固类型三（尺寸单位：cm）

15.3.3 加固方案比选：

河流上修建挡水建筑物，在上游受壅水影响造成泥沙淤积；在下游受下泄清水，将引起下游河道的再造床过程，一般会引起下游河道的冲刷下切。

方案一依靠铺砌防护，可在一定程度上阻止河床下切，但坝内无泥沙淤积，平衡河床下切。坝体下游侧，长期受水流冲掏，可能会引起坝体的变形、垮塌，耐久性差。

方案二、三采用纵桥向加桩，新桩在河床进一步下切时发挥作用，对提高纵桥向抗弯能力效果明显。不足的是承台体积大，方案二承台混凝土方量 129.5m³，方案三承台混凝土方量 152.4m³，压缩过水断面。

方案四采用横向加桩，钻孔施工作业方便，阻水面积小。不足的是纵桥向抗弯能力提高有限，新增桩基长度较长。

综合比较，采用方案二为施工图设计方案。

参 考 文 献

[1] 中华人民共和国交通运输部. 公路桥涵养护规范：JTG 5120—2021 [S]. 北京：人民交通出版社股份有限公司, 2021.

[2] 中华人民共和国交通运输部. 公路桥涵设计通用规范：JTG D60—2015 [S]. 北京：人民交通出版社股份有限公司, 2015.

[3] 中华人民共和国交通运输部. 公路钢筋混凝土及预应力混凝土桥涵设计规范：JTG 3362—2018 [S]. 北京：人民交通出版社股份有限公司, 2018.

[4] 中华人民共和国交通运输部. 公路桥梁加固设计规范：JTG/T J22—2008 [S]. 北京：人民交通出版社, 2008.

[5] 中华人民共和国交通运输部. 公路桥梁加固施工技术规范：JTG/T J23—2008 [S]. 北京：人民交通出版社, 2008.

[6] 中华人民共和国住房和城乡建设部. 混凝土结构加固设计规范：GB 50367—2013 [S]. 北京：中国建筑工业出版社, 2013.

[7] 中华人民共和国交通运输部. 公路桥涵地基与基础设计规范：JTG 3363—2019 [S]. 北京：人民交通出版社股份有限公司, 2019.

[8] 中华人民共和国交通运输部. 公路桥梁技术状况评定标准：JTG/T H21—2011 [S]. 北京：人民交通出版社, 2011.

[9] 中华人民共和国交通运输部. 公路桥梁承载能力检测评定规程：JTG/T J21—2011 [S]. 北京：人民交通出版社, 2011.

[10] 中华人民共和国交通运输部. 公路桥梁荷载试验规程：JTG/T J21-01—2015 [S]. 北京：人民交通出版社股份有限公司, 2015.

[11] 中华人民共和国交通运输部. 公路工程技术标准：JTG B01—2014 [S]. 北京：人民交通出版社股份有限公司, 2015.

[12] 中华人民共和国交通运输部. 公路桥涵施工技术规范：JTG/T 3650—2020 [S]. 北京：人民交通出版社股份有限公司, 2020.

[13] 中华人民共和国住房和城乡建设部. 混凝土结构后锚固技术规程：JGJ 145—2013 [S]. 北京：中国建筑工业出版社, 2013.

[14] 中华人民共和国交通运输部. 公路养护安全作业规程：JTG H30—2015 [S]. 北京：人民交通出版社股份有限公司, 2015.

[15] 中华人民共和国交通运输部. 公路工程质量检验评定标准 第一册 土建工程：JTG F80/1—2017 [S]. 北京：人民交通出版社股份有限公司, 2018.

[16] 中华人民共和国交通运输部. 公路养护工程质量检验评定标准 第一册 土建工程：JTG 5220—2020 [S]. 北京：人民交通出版社股份有限公司, 2020.

[17] 中华人民共和国交通运输部. 公路钢结构桥梁设计规范：JTG D64—2015 [S].

北京：人民交通出版社股份有限公司，2015.
[18] 交通运输部公路科学研究院．公路桥梁加固改造技术指南［M］．北京：人民交通出版社股份有限公司，2020.
[19] 中华人民共和国交通部．公路桥梁养护管理工作制度［Z］．2007-6-29.
[20] 中华人民共和国交通运输部．关于进一步加强公路桥梁养护管理的若干意见［Z］．2013-5-20.
[21] 中华人民共和国交通运输部．公路养护工程管理办法［Z］．2018-3-2.
[22] 中华人民共和国交通运输部．公路长大桥隧养护管理和安全运行若干规定［Z］．2018-3-23.
[23] 中华人民共和国交通运输部．关于进一步提升公路桥梁安全耐久水平的意见［Z］．2020-12-25.
[24] 中华人民共和国交通运输部．公路危旧桥梁改造行动方案［Z］．2020-12-25.
[25] 中华人民共和国交通运输部．公路危旧桥梁排查和改造技术要求［Z］．2021-2-25.
[26] 交通运输部公路科学研究院．公路桥梁加固改造技术指南［R］．北京：交通运输部公路科学研究院，2017.
[27] 张劲泉．公路旧桥检测评定与加固技术研究及推广应用［R］．北京：交通部公路科学研究院，2005.
[28] 黄平明，陈万春．桥梁养护与加固：第2版［M］．北京：人民交通出版社股份有限公司，2021.